歴史文化ライブラリー
194

時代劇と風俗考証

やさしい有職故実入門

二木謙一

吉川弘文館

目次

時代劇の考証と有職故実——プロローグ

1　時代劇の考証と有職故実

有職故実は、朝廷・公家や幕府・武家の制度・官職・礼式・年中行事・軍陣などの先例・典故を考究するものである。それは中世の公家や武家にとっては、学問というよりも、むしろ奉公における勤務にかかわる必須の事柄といえるものであったろう。

そうした有職故実が、学問として扱われるようになるのは、江戸時代のことである。戦国期以降、旧来の身分的な秩序が乱れただけでなく、風俗的には当世風と称された新様式が発達した。そして元和偃武以降、近世における学問の興隆とともに、有職故実は、和学・国学の古典や歴史の研究対象としても重要視されるようになったというわけである。

しかし近世においても、有職故実の内容は、朝廷や幕府の儀礼を執りおこなうにあたり、当然わきまえておかなければならない知識教養に属していた。

ところが明治以降、伝統的な官位身分制度がなくなり、また欧風化によって生活様式も変わったため、江戸時代までのような実用の学としての有職故実の意義が失われた。そして学問研究の進化した現代においても、きわめて特殊な分野とみなされ、研究者も少ない。

私は有職故実・風俗史を専門としていることから、NHK大河ドラマの時代風俗考証に関与するようになり、これまでに『花の乱』『秀吉』『毛利元就』『葵・徳川三代』『北条時宗』『利家とまつ』『武蔵』のスタッフに加わり、現在も平成十七年（二〇〇五）の『義経』ならびに十八年の『功名が辻』の制作に携わっている。

ドラマ作りというフィクションの世界ではあるが、約一〇年におよぶ考証の仕事は、自分の学問形成のうえでも有意義な経験となっている。

そもそも、従来の有職故実関係の書物は、あたかも事典をみるかのように、項目別の記述に終始したものが多い。もとより平安・鎌倉・室町・戦国・安土桃山といった時代史の中に位置づけられることはなく、時期的な変化や性格についてもほとんど論及されてはいない。

さて、時代劇の制作における考証の役割は、それぞれのドラマの時代背景や風俗を、できるだけ正確にとらえることである。そのためには各時代の文献史料のほか、絵画史料や遺物・美術品にも広く目を向けなければならない。そうした考証作業を通して、学んだことも少なくはないのである。

本書は、時代風俗考証という視点から、有職故実を風俗文化史的に扱い、衣食住についても各時代の特色と変化の流れを、歴史の中に体系的に位置づけることを意図している。

「女性の身だしなみ」は、平安時代の貴族および庶民女性のいでたちをはじめ、鎌倉・室町時代の女装、そして戦国・安土桃山期における小袖の発達および女性の和服の完成に至るまでの移り変わりを、絵画史料を中心に記している。

「男性の装い」は、令制の官位身分の規定による平安貴族の公私生活における服装をはじめ、鎌倉時代から近世初頭に至る服装の変遷について、武将の画像を中心に考察し、男性の和服の成り立ちについて記している。

「住居と乗物」は、まず平安時代の貴族住宅としての寝殿造と、中世住宅の主殿造および書院造をとりあげた。そして絵画史料により、建物の外観や内部の調度について記している。つづいて乗物については、特に牛車と輿（腰輿）に注目し、平安時代から江戸初期までの公家・武家社会の乗物と、その風習について記している。

「合戦の雄叫び」は、源平・鎌倉期から戦国・安土桃山期頃までの武装や武器・武具の変遷に目を向けている。特に源平・鎌倉期については軍記物語と絵巻物によって、武者たちの出陣のいでたちをみた。そして戦国・安土桃山期については合戦屏風や画像により、合戦と武装の変化を記している。

「時代風俗考証こぼれ話」は、大河ドラマ制作の舞台裏の模様と、ドラマにおける名前と呼び名、食べ物と酒、儀式と作法などについて記している。飲食や儀式作法などは、重要な項目ではあるが、紙幅の都合により扱いきれなかった。そこで時代風俗考証を通して経験したことの一部を紹介することにした。

なお、本書で対象としている時代は、平安から江戸初期までとなっている。それは私の専門領域と、これまでに関与したドラマで扱った時代という理由にもよる。しかしもともと有職故実は、主として平安から桃山期頃までを対象としている。それはこの学問が、新井白石や伊勢貞丈らをはじめとする江戸時代の学者の、古典・歴史研究に始まっているからである。そのことを、あらかじめおことわりしておきたい。

女性の身だしなみ

宮廷をいろどる女性たち

実現しなかった洗髪シーン

NHK大河ドラマ『花の乱』制作中のことである。室町幕府八代将軍足利義政の正室日野富子の日常生活で、何か変った行いをしている場面を作れないだろうかと尋ねられた。富子が自分の居室に数名の侍女といる時、義政が予告なしで突然訪れてくるという設定である。そこで私は富子の洗髪を提案してみた。『宇津保物語』の「蔵開」にある平安時代の高貴な女性の洗髪する姿を思い浮かべたからである。

それは冬季十二月の寒い日に、女一宮が数名の侍女の手を借りて髪を洗い乾かすものであった。洗髪を「御髪すまし」といった。洗剤には灰汁や米のとぎ汁を用い、手桶で清水をかけて洗い濯ぐのである。

記述はおそらく縁先で洗髪を終えた後の光景であろう。母屋の御簾を巻き上げて、几帳や屏風を立て回した中に、女一宮は袿の上に白い御衣を着し、高い御厨子の上に御褥を敷いて座している。宮の前には火桶が据え置かれ、火を起こして薫物を焚き、侍女が布で垂髪を拭い、団扇で温風を送って乾かしている。しかも一日がかりの長時間に備え、小さな台の上には、湯漬け・果物などが用意されている。貴族の女性の身の丈ほどもある長い髪を洗うのは容易でなかったことがわかる。

私のみならず担当ディレクターも、中世の貴族女性のシャンプーのシーンを再現しようと乗り気になっていたが、結局は実現されなかった。女優さんが嫌がるだけでなく、かつらメーク係が困るというのがその理由であった。

女性の髪形や着物・帯なども、時代によって変化している。

平安時代の宮廷女性たち

奈良時代の宮廷女性の朝服すなわち朝廷出仕の服装は、唐代婦人のようないでたちであった。たとえば奈良薬師寺にある図1神功皇后像・仲津姫命像などの九世紀に作られたとされる女神像を見ると、上半身に幅の狭い袖付衣、下半身に裙をつけ、衣の上に背子を重ね、首から肩に領巾をかけてい

図1　神功皇后像（9世紀）

る。裙は襞のある長いスカート状の仕立て、背子は袖なしのベストのような胴着、そして領巾は薄絹のショールといったところである。

　こうした中国的な服装も、平安時代における国風文化の発達とともに変化をとげ、日本的な女装が完成されていった。

　そこでまずは宮廷女性の服装から述べよう。男性の場合は、いわゆる公卿・殿上人たちは、それぞれ自分の家屋敷を持ち、朝廷への出仕は今日でいう通勤・出勤にあたる。だから衣服も、朝廷出仕の際に着る束帯や衣冠のような朝服と、主として自邸で着ている直衣や狩衣のような私服とに分けられる。

　しかし宮廷女性たちのほとんどは、自宅からの通勤ではなく、いわば住み込みを強いられていたから、つねに身分による規定の制服を着し、まったく自由な私服などというものはなかった。

宮廷内にいた女性の人数についてはわからないが、何百というより、お末の端女をも含めれば千を越える数であったろう。その中で上流・中流身分の女性たちの服装は、おおむね袿姿（重袿）・女房装束（物具装束）・五衣裳姿の三種であった。

この中の袿姿は中宮・女御・内親王・姫宮など上流女性が、自分の部屋でくつろいでいるときの姿。女房装束は、貴人に奉仕する侍女である女房が御前に出るときの正装、そして五衣裳姿は、女房が控えの私室で休息している時の姿といったところである。

これら三種の衣裳は、朝廷の内裏だけでなく、上皇や女院・東宮御所、その他摂関家を始めとする貴族の邸においても、ほぼ宮廷と同様の制がとられていたから、こうした服制は、広く上流公家社会の女性たちの姿と考えてよかろう。

そこでこの三種の服装を、『三十六歌仙絵』を中心にして説明しよう。『三十六歌仙絵』とは、平安時代中期の歌人として知られる藤原公任が撰集したという三六人の歌仙すなわち秀歌の作者を、一八番の歌合せ様式に配して表現した似せ絵風の画像である。伝本にはいくつかの系統の絵があるが、ここでは佐竹本を用いる。

佐竹本は旧秋田藩主佐竹家に伝来し、鎌倉初期に書かれた祖本を忠実に模写したもので、成立も鎌倉期とみられ、現存遺品中で最も古く、重要文化財に指定されている。佐竹本は、もとは歌仙一八人ずつの上下二巻であったが、大正六年（一九一七）に売りに出され、同九年には一つずつに切断軸装して売却された。そして現在は各地の美術館や個人に秘蔵されている。

佐竹本『三十六歌仙絵』には、五人の女性の歌と絵が載せられ、図2斎宮女御徽子が袿姿、図3小大君・図4中務・図5小野小町が女房装束、そして図6伊勢が五衣裳姿で描かれている。

この五人の服装を見る前に、女装の構成について述べておこう。女房装束は皆具を揃えているので、物具装束ともいう。皆具とは一揃い全ての意で、唐衣・裳・表着・打衣・衣（袿）・単・内衣・打袴（張袴）・襪と、これに帖紙・檜扇を合わせてワンセットである。

さて、これを着用するには、まず一番下に肌着の内衣と打袴をつける。ただし肌着の内衣を着るようになるのは、装束が硬く強装束化した平安末期以降のことで、それ以前には内衣はつけなかった。袴は通常には艶のある生絹の打袴をはくが、儀礼に際しては織り模様を施した張袴を用いる。袴は長めで色は赤を本義として、一本の腰帯を右脇に取り合わせて結び下げる。凶事には萱草色をつけた。

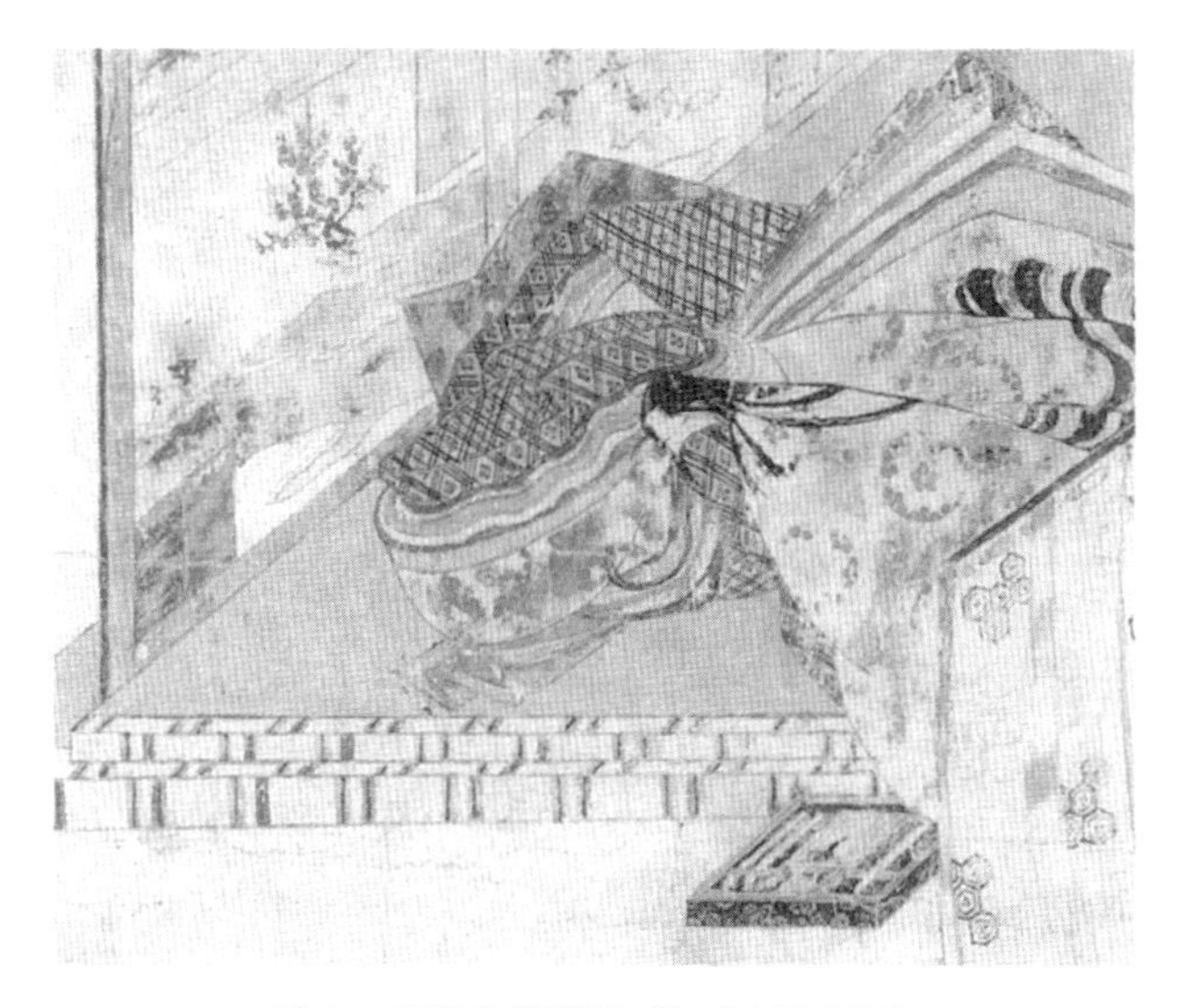

図２　斎宮女御徽子（『三十六歌仙絵』）

図３　小大君（『三十六歌仙絵』）

図4　中　務（『三十六歌仙絵』）

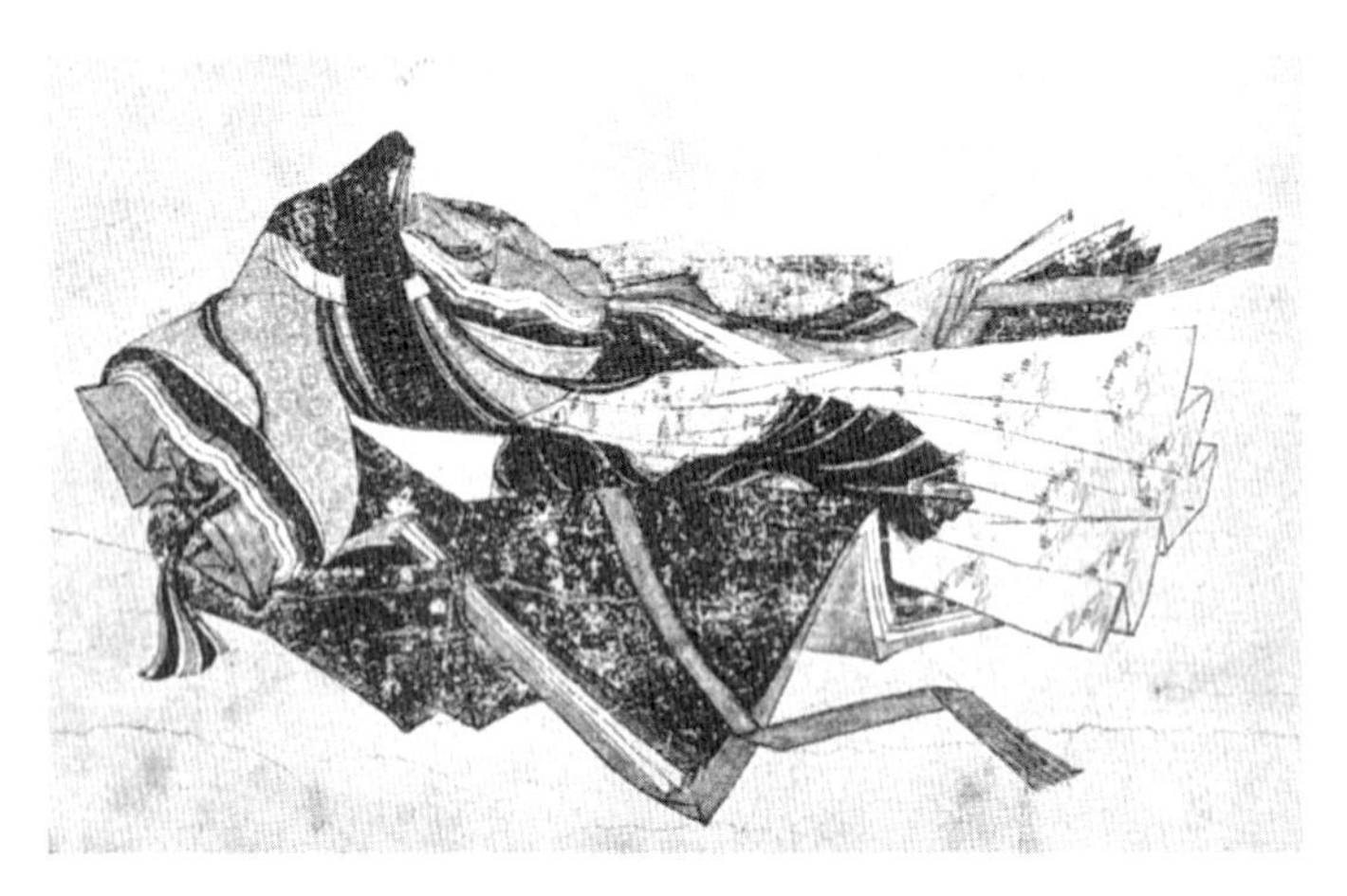

図5　小野小町（『三十六歌仙絵』）

図6　伊　勢（『三十六歌仙絵』）

つぎに単をつける。これは裏なし一重(ひとえ)の広袖(ひろそで)で赤色を常とするが、白・青・黄などを用いることもある。その上に色彩をいろいろ違えた衣（袿）を何枚も重ね、その枚数により五衣(いつつぎぬ)・六衣(むつぎぬ)・七衣(ななつぎぬ)などと称した。

儀礼などのハレの際には、さらにその上に砧(きぬた)で打って艶(つや)を出した打衣をつける。これは袿と同形の袷(あわせ)である。衣を何枚も重ねてごたごたするので、その上に砧打ちしてパリッと張りのある打衣を着て衣紋(えもん)を調えるのである。

そしてその上に表着（上着）をきる。表着は衣の最上にきるもので、仕立ては衣と同様であるが、下につけている衣の重(かさ)ねの色目(いろめ)をみせるために、幾分小形になっている。

ここまでの姿を袿姿といい、この表着の下

に重ねた衣と合わせて重袿ともいう。なお袿姿・重袿の最上衣の表着を小袿と称する呼び方もある。これは近世には裾短な袿の表着を華麗な地質で仕立て、特に襟と袖口の表地と裏地の間に三重のように中陪をのぞかせたものを小袿といった。これについてはここでは参考にとどめ、記述を平安時代にもどそう。

佐竹本『三十六歌仙絵』では斎宮女御徽子が、袿姿で描かれている。徽子は村上天皇の女御であるが、かつて内親王の時、朱雀天皇の即位にあたって伊勢神宮に奉仕して斎宮をつとめたことから斎宮女御と称された。そうした高貴な女性であるので、佐竹本『三十六歌仙絵』の中では、他の人々とは異なる特別扱いとし、徽子だけが畳を二枚重ねて張付障子を列ね、几帳を立てて仕切りとした中で、這い伏しに寝そべった姿で描かれている。

徽子は一番下に赤地に織模様を散らした張袴と繁菱三重襷模様の単をつけ、その上に七衣すなわち七枚の衣を重ねている。さらに砧打ちで艶を出した赤色の打衣を加え、その上に表着を着ているが、表着は二枚重ねで、薄青の下衣の上に、青地に梅花の丸模様を散らした上衣を重ね、十単としている。十単とは、衣を十枚と単を加えたものをいう。

ちなみに、貴族女性の衣装について、よく「十二単」という言葉が使われるが、これは俗称であり、概して誤解の説明が多い。正しくは「十二単」といえば、衣を一二枚と単を加えたものをいうのである。

宮廷内でこの袿姿でいるのは、斎宮女御徽子のような高貴な女性に限られていた。それは袿・表着の上に、それらを束ね留める帯の類がないことからして想像がつくであろう。このような姿では身動きが難しく御前に奉仕することはできまい。

宮中に仕える女官・女房たちの制服は、次に述べる女房装束である。これは袿姿の上に、さらに裳と唐衣の二つを加えたもので、佐竹本『三十六歌仙絵』では小大君・中務・小野小町の三人の姿がそれである。

裳は、表着の後腰(うしろごし)につける。これは奈良時代の女装における裙(も)という襞のある長いスカート状の仕立てが、平安時代に入って短くなり、しかも体を一周するものから後のみの形状となった。また結び垂れる副帯(そえおび)の名残が引腰(ひきごし)となり、新たに小腰(こごし)を生じて前に取り回して括(くく)り結ぶものとなったのである。

また唐衣も奈良時代には唐制に倣(なら)って背子と書き、袖なしのベストのような胴着であったが、平安時代になると、後世の羽織のような形状の上半身衣となった。唐衣の色目は紅(くれない)・青・紫を勅許の必要な禁色(きんじき)とし、ほかは好みに任せた。

そしてこの裳・唐衣をつけた姿を『満佐須計装束抄(まさすけしょうぞくしょう)』に「裳・唐衣・こき張袴、これを女房のしょうぞくというなり」とあるように、女房装束と称したのである。

小大君は詞書によれば「三条院東宮の時、女蔵人、左近これなり」とある。殿上人以下の中流公家の出であろう。その装束は、最下に赤い張袴と青の単をつけ、その上に五衣すなわち五枚の衣を重ねている。さらに赤色の打衣を加え、その上に白綾唐草模様の表着をつけ、その上に裳と唐衣をつけている。裳は四襞で、小腰を正面に回して結び、霰模様の引腰をなびかせている。

中務は中務卿敦慶親王の娘であるから上級の女房である。最下に赤い張袴と繁菱模様の単を着け、その上に六衣すなわち六枚の衣を重ねている。さらに赤色の打衣を加え、その上に表着をつけている。表着は花輪違の総模様で、白い裏地を表に返している。そしてその上に白い六襞の裳の小腰を前に回して結び垂れて帯代わりとし、上半身最上部に青色の唐衣をはおっている。檜扇を手にしているから、季節は冬である。夏季には紙扇を用いる。

男装の檜扇は白木で橋の数は一七本ほどであるが、女房の扇は三九橋と数が多く、極彩色が施されているのが常である。また後世には親橋に六色の飾り紐を付すが、これは室町時代以降のことである。

小野小町は後姿で、長い垂髪を背になびかせている。赤い打袴と白綾繁菱模様の単をつけ、五衣すなわち五枚の衣を重ねている。そして赤い表着の上に六襞の裾長(すそなが)の裳をつけ、その上半身に唐衣をはおっている。

こうした女房装束は、宮中に奉仕する女官・女房の正装であり、御前に出る際には、裳・唐衣をつけた物具装束を定めとしていた。髪型も通常は身の丈(みたけ)を過ぎるほどの黒髪を長く垂らしたままで元結(もとゆい)もせず、儀礼に際しては髪上げと称して、髪をゆるく垂らして頂(いただき)に束ね、額(ひたい)をつけ、釵子(さいし)（簪(かんざし)）を挿したのである。

ちなみに、現代の皇室では、女房装束・物具装束の名称は用いず、宮内庁では「裳・唐衣・五衣の具」と称しているとのことである。

佐竹本『三十六歌仙絵』に描かれているいま一人の女性は伊勢である。彼女は伊勢国司藤原継陰(つぐかげ)の娘という。

伊勢は赤い打袴と赤の繁菱模様の単を着け、薄縹色(うすはなだいろ)の四枚の衣に白綾唐草の衣を重ねた上に、六襞の裳をつけている。衣は下重ねの四枚と最上のそれとは色が異なっているが、長さが同じであるから、特に表着はつけていないのであろう。裳は白地に波と州浜(すはま)の模様を散らした海賦(かいふ)の裳と称するもので、その赤地幅広の小腰を前に回して結び下げ、引腰を左右に長くなびかせている。

伊勢の姿が、小大君・中務・小野小町らの女房装束と異なるのは、唐衣をつけていないことで、これは自分の部屋などで控えている時の略装なのである。藤原頼長の『台記別記』久安六年（一一五〇）正月二十一日条に「凡そ主上渡御の御時、女房必ず唐衣を着す。裳にいたるは、上ましまざるの時といえども、これを脱ぐをえず」とある。つまり女房は御前に出る際には必ず唐衣をつけるが、自室でくつろいでいる時は、この伊勢のような唐衣をつけずに裳だけの略装でいたということである。しかし自室に控えている時でも、裳だけは脱ぐことが許されなかったのであるから、朝廷に奉仕する女性の生活は窮屈なものであったろう。

高貴な女性の夏姿

中宮・女御などの高貴な女性や、摂関家をはじめとする上流公家の婦人たちは、斎宮女御徽子のような女房装束の裳と唐衣を除いた衣装を日常の料とした。すなわち単・袴に袿を重ねた姿とし、また表着の丈を短くした小袿姿であった。

袿（衣）の枚数は、三衣・五衣・七衣、時に一〇領を超えることもあり、季節や場所によって相違した。

図7　薄物の単（『源氏物語絵巻』，国宝，五島美術館所蔵）

また盛夏には、後宮の高貴な女性たちは内々には、薄物の単に袴ばかりを着けた単袴の姿でいることもあった。『源氏物語』常夏に、姫君（雲居の雁）の姿を「姫君は昼寝したまへるほどなり。羅の単を着たまひて臥したるさま、暑かはしくは見えず、いとらうたげにささやかなり。透きたまへる肌付きなど、いとうつくしげなる手つきして」とあるような涼しげなものである。薄物とは絹の単で、麻製のものは帷子と称して区別した。

図7『源氏物語絵巻』には、雲居の雁の昼寝ではないが、薄物の単をはおった単袴の姿がみえる。ただしそのかたわらに控えている二人の侍女はいずれも裳・唐衣をつけた女房装束姿で描かれていることからもわかるように、暑い盛夏といえども単袴のような軽装は、高貴な女性のみに許されていたのである。

外出する女性

つぎに宮廷の外における女性の姿に目を向けよう。絵巻物には路上を徒歩で往来する女性の外出姿も多く見ることが出来る。

若年の女房たちが外出する際の装いは、衵・単に切袴の姿が普通である。最上衣を衵といい、袿よりも裾を短く身丈に仕立て、単も衵丈に合わせて短くする。そして袴も歩きやすいように踝までの切袴をはくのである。

履物は草履のほか、緒太・金剛草履などが用いられた。緒太は現在のサンダルのように向う鼻緒のないもの。そして金剛草履は「藺のげげ」とも称された貴人の履物であった。遠出には脚絆をつけ草鞋をはくのである。

高貴な女性は常に袴をつけているが、武家の婦人などは、外出用の袿の裾を身丈に合わせて腰で折り込んで紐でからげ、壺折・壺装束などと称した。また、外出の際には顔をあからさまに見せないようにして、市女笠を被り、または被衣姿をした。市女笠には浅いものと深いものとがあり、浅いものには葈垂れの衣という垂れ紐と薄絹が付いている。被衣は腰で壺折にしないで頭上にかつぐのである。また寺社参詣や参籠などの際には物忌みの標として、背面に赤い懸帯を結び下げるのが習慣であった。

庶民女性のいでたち

女性の衣装は身分によって着物の種類や素材・色柄・模様などが厳しく定められていた。貴族などの上流婦人は、身の丈を超えるほどの長い髪を蓄えて垂髪になびかせ、衣服も色あざやかな絹綾の織物などで仕立て、女房装束や小袿のように袴をつけるのが常であった。

これに対して、武家や富裕な長者の婦人などは、広袖の袿を着流しにつけることもあるが、一般庶民は麻布の小袖を定めとし、色柄は茶や藍を主とした絞り染め、纐纈染め、鹿の子染め程度の簡単なものであった。

小袖は袖口が細く詰まった小形の衣服である。小袖はもともと庶民の衣服で、上流階級にあっては下着として用いられた。

帯は未発達で紐のように細かったから、前掛けや腰裳・湯巻などをつけるのが普通であった。湯巻は裳の変化したもので、今日の巻きスカートのように、衣を腰の周りに巻きつけるのである。絵巻を見ると、総じて庶民の小袖は身丈が短く、脛が見えるほどであり、

図8　婦人たち（『信貴山縁起絵』，信貴山朝護孫子寺所蔵）

袖丈も短くて細いものが多い。

図8は『信貴山縁起絵』山崎長者の巻に見える婦人たちである。中央の女性は長者の身内であろうか、尻を超えたほどの長さの髪を解き下げにし、衣服は下着の単と色物広袖の袿を、身丈に合わせた壺折にして紐で腰にからげている。左右の二人は下働きの端女であろう。背の辺りまでの短い髪の根を、首の後で高く元結を以て結び下げている。衣服は二人とも袖口の狭い小袖で、右の女性は腰裳を用いて帯代わりにしている。腰裳は女房装束の裳が形式化したものであろうが、前掛けと同様に腰の周りにつけ、帯代わりにしたのである。

三人の口元をみると、いずれもお歯黒をしている。お歯黒は鉄漿といい、歯を黒く染めるもので、上下の身分を問わず、成人女性の間に広くおこなわれた。お歯黒の習慣は、歯の衛生のためとも、口元を愛らしく見せるためともいわれるが、その素材は五倍子と呼ぶ虫の排出物の粉に鉄汁を混ぜたものであったという。

乱世に生きる女性たち

鎌倉女性の衣装

鎌倉時代の貴族の女装は、基本的には前代平安時代とそれほど変わりがない。ただ武家の台頭とともに、実用本位の衣服が好まれるようになっている。女房装束なども、かつては十単（とうひとえ）・十二単（じゅうにひとえ）など十領を超えるほども着重ねることが好まれたが、鎌倉期になるとしだいに枚数を減じ、五衣（いつつぎぬ）または三衣（みつぎぬ）が普通となっていった。と同時に装束のつけ方にも多少の変化が見られた。たとえば裳（も）のつけ方でいえば、かつては小野小町のそれのように、表着の上に裳をつけ、その最上に唐衣をつけていた。

ところが図9『春日権現験記絵（かすがごんげんげんきえ）』では関白忠実（ただざね）邸の女房が、唐衣の上に裳をつけている姿が描かれているから、鎌倉期になると実用本位から、裳を最上につけるようになったらしい。

こうした鎌倉期における実用本位の風潮は、小袖（こそで）の発達にも表れている。小袖は本来庶民階級の衣服で、貴族などの上流階級は下着に用いる程度であった。それが鎌倉期に入ると、武家が用いていた活動的な小袖が上流階級にも好まれるようになっていった。そして袿に代えて小袖を間着（あいぎ）としたり、ときには表着（うわぎ）として内掛（うちかけ）てはおったりするようになっていく。ただし、小袖の本格的な発達は、つぎの室町時代のことである。

図９　関白忠実邸の女房（『春日権現験記絵』）

鎌倉女性の衣装については、大河ドラマ『北条時宗』に登場した女性たちの服装を例にみれば理解しやすいであろう。『北条時宗』の制作では、平安時代以来の貴族や庶民の風俗を念頭に、『石山寺縁起絵（いしやまでらえんぎえ）』『春日権現験記絵』『法然上人絵伝（ほうねんしょうにんえでん）』『一遍上人絵伝（いっぺんしょうにんえでん）』などの鎌倉期の絵巻物を参考にした。

たとえば、宗尊将軍の御台所宰子は広袖の袿に袴をつけたいわゆる小袿姿とし、平頼綱の奥さんは、飛鳥井家から来た姫ということで、公家風に緋の長袴をはかせた。また北条時頼室涼子や時宗室の祝子など執権の正室は、日常には北条時輔や安達泰盛の妻といった武家の婦人たちのように、広袖の袿に湯巻、時に袿を打掛にきていた。そして庶民の女性は袖細の小袖に紐のような細い帯や湯巻・前掛などの姿で登場していた。髪型も上流婦人は長い垂髪の背のあたりを入れ元結とし、庶民の女性は背のあたりまでの短めの髪を元結で束ねたのである。

女装の場合も、時代風俗どおりにはいかないこともある。たとえば「お歯黒」や「作り眉」などがそれである。中世では上下を問わず、成人女性は鉄汁で歯を黒く染めていたが、ドラマでは若い女性のお歯黒が登場することはなかろう。また作り眉も、本来高貴な女性は眉毛を毛抜きで除き、額のあたりに眉を墨で楕円形に描くのが普通であった。けれどもこの作り眉はお歯黒と同様に、現代人の美的感覚からすれば、かなり違和感を生ずるにちがいない。

また座り方なども、絵巻や肖像画に描かれている女性を見ると、片膝を立てたいわゆる立膝が普通で、中には胡坐をかいた上流婦人の姿さえ見られるのである。つまり中世までは女性の座り方も、立膝が一般的であった。それが正座に定着するのは、江戸時代のことであったらしい。

けれども、ドラマにおいては中世女性でも正座が普通である。現代人の感覚からすれば、女性の胡坐姿には違和感があり、立膝でさえ色里の女郎や鉄火場の姐御(あねご)を別にすれば、そうした姿で登場することはないであろう。

戦国・安土桃山期における小袖の発達

室町期頃から女子の間に広く用いられたのは小袖で、今日の着物の原型である。小袖とは袖口の狭い着物の総称であり、古くは上流階級においては男女ともに肌着として用い、また庶民の労働着は布の小袖であった。それが広袖の装束類をしのいで表着へと変化し、袴をも省いた着流しの風が普及していった。

むろん室町時代でも、公家の婦人は庶民のような着流し姿はせず、袴を用いるのが常であった。

図10南明院所蔵の朝日姫像も、関白秀吉の妹にして徳川家康の室ということで、公家風の袿(うちき) 袴(はかま)姿で描かれている。朝日姫は秀吉の異父妹で、四四歳の時、徳川家康の室として再婚し、天正十八年（一五九〇）正月に四八歳で死去した女性である。下着と白地の小袖

図10　朝日姫像

の間着を紅の袴に着籠め、その上に広袖の袿を二領重ねた袿袴姿である。下の袿は青色であろうか。表着は紅地に松と亀甲模様を白く織り出している。

袿袴姿は中世の公家の女性の略装であった。髪は前髪を設け、鬢（左右側面の髪）を張らせて結い、あまりを長く垂らしている。このような髪型は室町末頃に現れたものである。眉は剃り落として、別に作り眉を立てている。これも公家の婦人に習ったものである。左手に経巻、右手に数珠を持っているのは、追福として描かれたからである。上部に前南禅寺熙春龍喜（文禄三年正月三日寂）の賛を有している。

ところが戦国期になると上流夫人も小袖を表着として着るようになっていく。ことに武家の婦人は、小袖の帯を締め、さらに表着の小袖をはおって内掛と称するようになった。

そこで肖像画を用いて、いま少し戦国・安土桃山時代の女性の衣装について述べよう。

図11龍安寺所蔵の細川昭元夫人は織田信長の妹で、名をお犬という。はじめ尾張の佐治為興に嫁ぎ、後に細川昭元に再嫁した。画像は下着、間着の小袖の上に、腰替りの打掛を仰領（後襟を下げ、抜き衣紋に着ること）にはおり、高麗縁の置畳に右片膝を立てて坐し、数珠を手にして合掌している。間着の小袖は左肩朱、右肩白縁地、打掛は肩と裾に辻が花染めで、紫・赤・白の横縞模様と、金雲に朝顔を散らしている。桃山時代には、こうした肩と裾だけに文様を加えた腰替りの小袖が流行した。額に作り眉を描き、髪は中央で左右に分け、耳のあたりで三条に分かれて肩から背に垂れている。姉お市に劣らぬ美貌である。妙心寺月航宗津の天正十年の賛があり、没後間もなく描かれたものとわかる。

図12清涼院所蔵のお亀の方（相応院）は、徳川家康の側室の一人で、仙千代・義直の生母となった。白の下着、朱の間着の上に、萌黄の小袖を打掛としてはおり、右手に数珠を握って高麗縁の置畳に坐している。腰には表面を縫箔で飾った黒地の帯が用いられている。帯は江戸初期頃までは二寸前後と細く、時代の下降とともに、織物で幅広に仕立てることが流行していった。髪は垂髪にして背のあたりで束ねている。寛永十九年（一六四二）、七〇歳で没したお亀の方の追福像であるが、肖像は中年期の姿で描かれている。

図11　細川昭元夫人

図12　お亀の方

女性の和服すなわち小袖形式の着物が大きな発展を遂げたのは、桃山時代である。辻が花染めのような染色技術が発達したのみならず、デザインの面でも、多彩な展開をみた。左右の襟模様を異にした片身替り（かたみがわり）や、白地の肩と裾に染め模様を配した肩裾（かたすそ）、そのほか金銀の摺箔や刺繡をあしらった華麗な小袖も流行した。また袴をつけない小袖の着流し姿が流行するにつれて、華麗な帯の発達をもうながした。

こうした衣服の変化は、髪型にも影響を及ぼし、耳や襟足を見せる風が現れた。すなわち束ね髪の元結の位置は高くなり、やがて玉結びや唐輪髷、兵庫髷のような髪型を生んでいった。

図13　お市の方

いま少し肖像画に目を向けよう。図13高野山持明院蔵の浅井長政夫人像は、織田信長の妹・お市の方で、当代随一の美女として知られる女性である。白の肌着に赤と金の横縞、それに右襟朱地金雲模様・左襟金地菊桐模様を浮かせた間着小袖をつけ、最上衣には赤地立涌模様に菊の丸を上文とした打掛の両肩を脱いで腰にまとった腰巻姿で、

図14　淀　殿

経巻を手にして小紋高麗縁の置畳に坐している。

腰巻姿は夏の正装で、儀礼に際して打掛の肩を脱いで腰の周りに巻き付けるのである。帯は付帯（つけおび）といい、これを二巻きして前に取り結んでいる。髪は頭の中央で左右に分けて背後に垂らし、眉は剃り落として、額に濃墨（こいずみ）の作り眉を描いている。黒髪に色白の顔、切れ長の瞼（まぶた）に黒い瞳（ひとみ）、品の良い口元、しかし無表情なその顔には、どことなく哀しさが漂っている。賛はないが、対幅となっている天正十七年の賛を有する浅井長政像と、同時期に制作されたものと思われる。

図14奈良県立美術館蔵の女性像は、淀殿（よどどの）の肖像と伝えられるものである。二枚の下着と紅地横縞模様の間着小袖を、白地に紅と金の描絵を施した付帯で着用し、その上に打掛を

抜襟にはおって繧繝縁の置畳に坐している。打掛は草花を辻が花染めにし、さらに金銀の摺箔もしくは刺繡をあしらったものであろう。髪は垂髪にして耳を出し、襟足をのぞかせている。高野山持明院蔵の淀殿肖像とは風貌を異にし、おそらくは美女として名高い母親お市の方を念頭において描いた、後世の想像図と思われるが、華麗な間着小袖や打掛は、桃山時代の上層婦人の姿がよく表されている。色彩に紅と金が好まれたのも桃山時代の特色のひとつである。なお「打掛」は武家の呼び方で、公家では「掻取」と呼んだ。両褄を掻取って引き上げて歩くからである。

図15　前田菊姫

戦国・安土桃山期の小袖は、現代の和服と較べると、身丈が短く、袖幅も狭い。着丈いっぱいでこれに二寸前後の細い帯を締めた。通常には、細帯を二廻りして前結びにすることが多かった。

最後に童女の姿を紹介しておこう。図15西教寺蔵前田菊姫は、加賀藩祖前田利家の第六女で、幼時から秀吉の養女となり、近江大津の富商西川重元に育てられていたが、天正十二年八月、七歳で夭折したという。白の下着に紐付き朱色の小袖をつけ、右手に白菊の花をかざしながら、高麗縁の置畳に坐している。髪は頭の上に二つの髻を作り、根元を束ねた双髻といわれる童女の髪型である。やがて四、五歳に成長すると着袴という儀式をすませ、紐の付かない普通の小袖と帯を用いるようになるのである。脇には三つの人形と、張子の犬、香合、独楽などが置かれている。生前の愛玩品であろう。彼女が葬られた西教寺の住持真智上人の、天正十二年八月二十一日の賛を有し、没後間もなく制作されたことがわかる。

大河ドラマにおける室町から戦国・安土桃山時代の女性の姿も、この期の肖像画を参考にして制作をしている。たとえば『花の乱』においては、応仁の乱前の日野富子は公家の婦人の服装にならって、基本的には袿に紅の袴をつけ、乱後頃からは、袴をつけずに小袖の上に広袖の袿を打掛のようにつけた。そして他の中・下級の女性たちは、小袖の打掛や、小袖の着流し姿としている。

『毛利元就』に登場した美伊の方、お杉の方といった女性たちも、打掛や小袖の着流しを普通とし、夏の礼装には高野山持明院のお市の方画像を模して、打掛の上部を脱いで下に垂らした腰巻姿で現われたこともある。腰巻といえば、今日では婦人の下腹部を覆う肌衣を意味するが、これは古くは「ゆもじ」といった。
『秀吉』『利家とまつ』に登場した、おね・お市・まつ・淀殿らをはじめとする女性たちや、『葵・徳川三代』の徳川家康や秀忠の妻妾や侍女たちも、打掛または小袖の着流し姿であった。季節・年齢や身分の上下に応じた色模様の小袖を合わせるのは、美術・衣裳担当スタッフの腕のみせどころとなる。

女性の和服姿の完成

安土桃山期に大きな発達がみられた女性の小袖は、慶長期から寛永期にかけての時代にさらに修正が加えられ、いわゆる日本の和服として完成される。

すなわち、身分階層の上下を問わず、袴をつけない小袖の着流し姿が普及するにつれて、色柄は華麗となり、帯の発達をもうながした。平安・鎌倉期には袴をつけ、あるいは裳や湯巻（ゆまき）、前掛などを常用したので、とくに帯を必要としなかったが、室町以降に小袖の着流し姿が普通になるとともに、帯が機能的にも装飾的にも重要となった。

けれども、近世初頭の寛永期頃までの帯の幅は狭い。元来帯は腰の後からその両端を前へ廻して結び締めるものであるが、戦国から桃山期にかけての女性肖像画を見ると、その細い帯も全面を金磨き（きんみがき）にしたものや、腰の左右で色を替え、薄紅梅（うすこうばい）などに染めて、前に結び下げる部分のみを金磨きとしたものなど、華麗に仕立てたものが多い。当時はこれを「付帯（つけおび）」または「提帯（そえおび）」と称し、鳥の子紙の芯（しん）を緞子（どんす）などで包んだ幅三寸ほどのものであった。桃山期には平組みの帯を横結びや後結びとする風も現れたが、総じて帯の幅は狭かった。

女性の帯の幅が広くなるのは、髪型の変化と密接な関係がある。平安時代の初期頃までは、唐（とう）風に髪を結い上げ、頭上に一つまたは二つの髻（もとどり）を作る風習もあったが、平安中期以降のいわゆる国風文化の発達とともに、女性の髪型は垂髪（すいはつ）を常とするようになった。

そして鎌倉・室町期でも貴族の女性は身丈に余る撫（な）でつけたままの垂髪を尊重し、武家の上流婦人は背のあたりで入れ元結とし、庶民の女性は背までの短めの髪を、首のうしろあたりで束ね髪としていた。ことに高貴な人々の間では、耳を出すことを下品として嫌ったが、戦国期になると耳や襟を見せる風が現れた。と同時に、束ね髪の元結の位置は高くなり、やがて玉結びや、唐輪髷（からわまげ）のような髪形を生じ、寛永（一六二四〜四四）から元禄期（一六八八〜一七〇四）頃までの間に、島田髷（しまだまげ）や勝山髷（かつやままげ）、笄髷（こうがいまげ）などの結髪（けっぱつ）が出現した。

髪型の種類は多いので、ここでは一般的によく用いられたものだけを述べておこう。唐輪髷は、髪を頭上で一束に結い上げたもので、兵庫髷は江戸初期に現れた結髪の髪型で、ともに遊女（あそびめ）や湯女（ゆな）が好んで結い始めたといわれる。

図16は井伊家蔵『彦根屏風（ひこねびょうぶ）』に見える兵庫髷の遊女の姿である。髪をうなじの後方に集めて高く輪にして突き出させ、根元を結んでいる。きている小袖の裄丈（ゆきたけ）（背の縫い目から袖口までの長さ）は短く、帯の幅も狭い。

島田髷は江戸中期に東海道島田宿の遊女が結い始め、やがて町娘へも広がっていった。顔の両面の鬢（びん）は張らず、髱（たぼ）と呼ばれる後に張り出した部分が長く延びた髪型である。勝山髷は承応年間（一六五二〜五五）に勝山という名の湯女が結い始めたといわれ、元禄の頃には一般女性の髪型として広まった。

図16　兵庫髷の遊女（『彦根屏風』）

図17はMOA美術館蔵『寛文美人図（かんぶんびじんず）』に見える女巡礼図（おんなじゅんれいず）であるが、勝山髷を結っている。末を細目にして束ねた髪を巻き上げ、先を笄（こうがい）で留めている。簪（かんざし）や笄を髪飾りに用いるようになるのは、髷を結うようになってからである。この勝山髷が発達して、やがて図18のような丸髷（まるまげ）となり、後頭

図17　女巡礼図（『寛文美人図』）

図18　丸髷の武家婦人（『都風俗化粧伝』）

部に楕円形のやや平たい髷を作り、簪・笄を用いるようになる。

かくして女性の髪型が大きく変化するとともに帯の幅は広くなり、櫛や簪・笄などを髪飾りとして盛んに用いるようになる。またそれに合わせて鏡も大きな柄鏡を使用するようになっていくのである。

アクセサリーの少ない日本女性

日本女性の装飾品・アクセサリーは意外に少ない。古代の唐風の髪型には簪を挿し、平安時代の女官は釵子や額を用いたが、中世以降にはそうした髪飾りもおこなわれず、再び髪飾りが復活するのは結髪（ゆいがみ）が普通となる江戸中期以降のことであった。

『秀吉』制作中のこと、淀殿にドレスをきせ、ネックレスと指輪をさせてはどうかという話になった。松たか子さんの扮する淀殿を西洋の貴族女性のように仕立てるのは、私としても興味深いことではあるが、指輪だけはやめて欲しいと申し入れた。それは桃山期における女性の指輪使用の実例を見ることができないからであった。けれども結局は演出上のイメージが優先され、残念ながら私の意見は取り入れられなかった。

男性の装い

装束からよむ平安貴族

身分により異なっていた衣装

現代では、誰もが自分の好みに任せて自由に衣装を選び、身につけることが出来る。冠婚葬祭（かんこんそうさい）の身形（みなり）にしても、戦前まではやかましいしきたりや慣習もあったが、最近はそのしきたり自体がくずれ、衣装についてとやかくいわれることも少なくなっているようである。

そうした現代社会とは異なり、前近代の日本は古代から近世に至るまで、つねに上下の区別がやかましい身分制社会であった。階層的な身分序列が発達した公家や武家だけでなく、庶民の間にも身分の上下による様々な仕来りや作法があったのである。

時代劇の風俗考証の役割は、その時代にふさわしい場面づくりであり、まずは何よりも登場人物の衣装・身形・格好が問題とされる。公家や武家の服装にしてからが、平安・鎌倉時代と戦国・安土桃山時代以降とでは大きく異なり、庶民の身形・格好にも時代的な相違があった。

令制の規定による平安貴族の衣装

NHK大河ドラマは、昭和三十八年の『花の生涯』から、平成十七年の『義経』まで四四作品を数える。しかしこれまでに平安時代を扱ったものは、昭和四十一年の『源義経』、同四十七年の『新・平家物語』、同五十一年の『風と雲と虹と』、平成五年の『炎立つ』のわずか四作品である。鎌倉時代を含めても、昭和五十四年の『草燃える』と、平成十三年の『北条時宗』の二作品を加えるだけである。

大河ドラマの風俗考証に関与するようになって、もう一〇年を過ぎたが、『義経』のような平安時代を扱うのは、私としてもこれまで未経験である。

そもそも、有職故実の起源は平安時代の初期にある。それ以前の奈良時代までの日本は律令制とよばれた国家制度のみならず、衣装や風俗なども大陸的であった。

たとえば図19は、法隆寺蔵として知られる、聖徳太子と前に山背大兄王、後に殖栗王の父子三人を描いた三尊形式の画像といわれるものである。これを見ても、いかにも中国

図19　聖徳太子

の王族のような格好をしている。これは冠に袍・表袴を着けて帯剣した束帯姿であるが、平安時代以降の束帯とは少し形状が異なっている。

すなわち太子の冠は、推古天皇の時に定められたという「冠位十二階」のそれで、紗（生糸を絡み織にした織物）に漆をかけた布帛製の被り物である。これは幞頭とも四脚巾とも呼ばれ、前二脚の上緒で髻部分を押さえ、後ろ二脚を引き締めて結び、余りを垂らして燕尾と称したもので、その原型は中国隋・唐期の幞頭である。また上着と袴も唐代流行のイラン系の胡服に類似している。

こうした大陸的な風俗が平安時代に入り、遣唐使の廃止にともなう国風文化の芽生えとともに、寝殿造に代表されるような日本的建物や、そうした居住空間に適した衣服およびその起居動作にふさわしい儀式・作法が生まれ、これが清和天皇期（八五八〜八七六在位）の『貞観儀式』や、醍醐天皇期（八九七～九三〇在位）の『延喜式』撰集となって、平安期公家社会の儀礼、すなわち有職故実の基本が定まったのである。

さて、平安時代は令制の官位による規定が重んじられていた身分制社会である。「職員令」「官位令」等から推測すると、従五位下すなわち昇殿を許される殿上人以上の人数は約百十数名で、彼らはいわゆる公家と称される特権階級である。その中でも三位以上のものは公卿といわれ、さらに高貴な階層に位置づけられていた。そしてこの公卿・殿上人らは、朝廷の恒例・臨時の諸行事において、それぞれ種々な役職につき、その役職はおおむね家々による世襲的なものであった。当時の公家社会における朝廷の諸行事・儀式とは、政治そのものであったといえる。

そうした平安期の公家社会には、衣食住のすべてにわたって身分相当の仕来りや作法があり、公卿と殿上人との間にも、格段の相違があった。ここでは衣装を中心に述べると、公卿・殿上人らは、朝参すなわち朝廷に参内する際には、官位によって定められた束帯または衣冠をつけて出仕し、彼らの日常における私服は直衣あるいは狩衣姿であった。しかもこうした衣服にも官位・身分によるこまごまとした規定があり、これを乱すことは許されなかったのである。

よく「衣冠束帯」という言葉が用いられる。そしてこれが一般的にも衣を着用し、冠をかぶり、帯で束ねるといったように、一つの用語として理解されることが多いようである。しかしこれは全くの誤解といえる。

束帯と衣冠

そもそも、束帯と衣冠とは全く別の衣服である。今日の服装にたとえていえば、束帯はモーニングのような礼服で、いっぽうの衣冠はダブルのような略礼服といったほどの違いがあるのである。

束帯は「昼の装束」と呼ばれた正装で、衣冠は本来「宿直装束」といって内々の略装とされていたが、やがて通常の朝廷出仕にも用いられるようになった。もちろん晴れの儀式の正装は束帯である。

図20は文官の束帯姿、図21は武官の束帯姿、そして図22は衣冠姿である。これらを見較べれば、束帯と衣冠との相違が歴然としていよう。いま少し束帯と衣冠の相違について具体的に述べよう。

まずは束帯である。束帯の構成は、冠・袍・下襲（裾）・衣・単・内衣・表袴・下袴（大口）・石帯・笏・帖紙・襪・靴（または浅沓）から成る。いっぽうの衣冠の構成は、冠・袍・単・指貫袴・下袴・檜扇・帖紙・浅沓である。

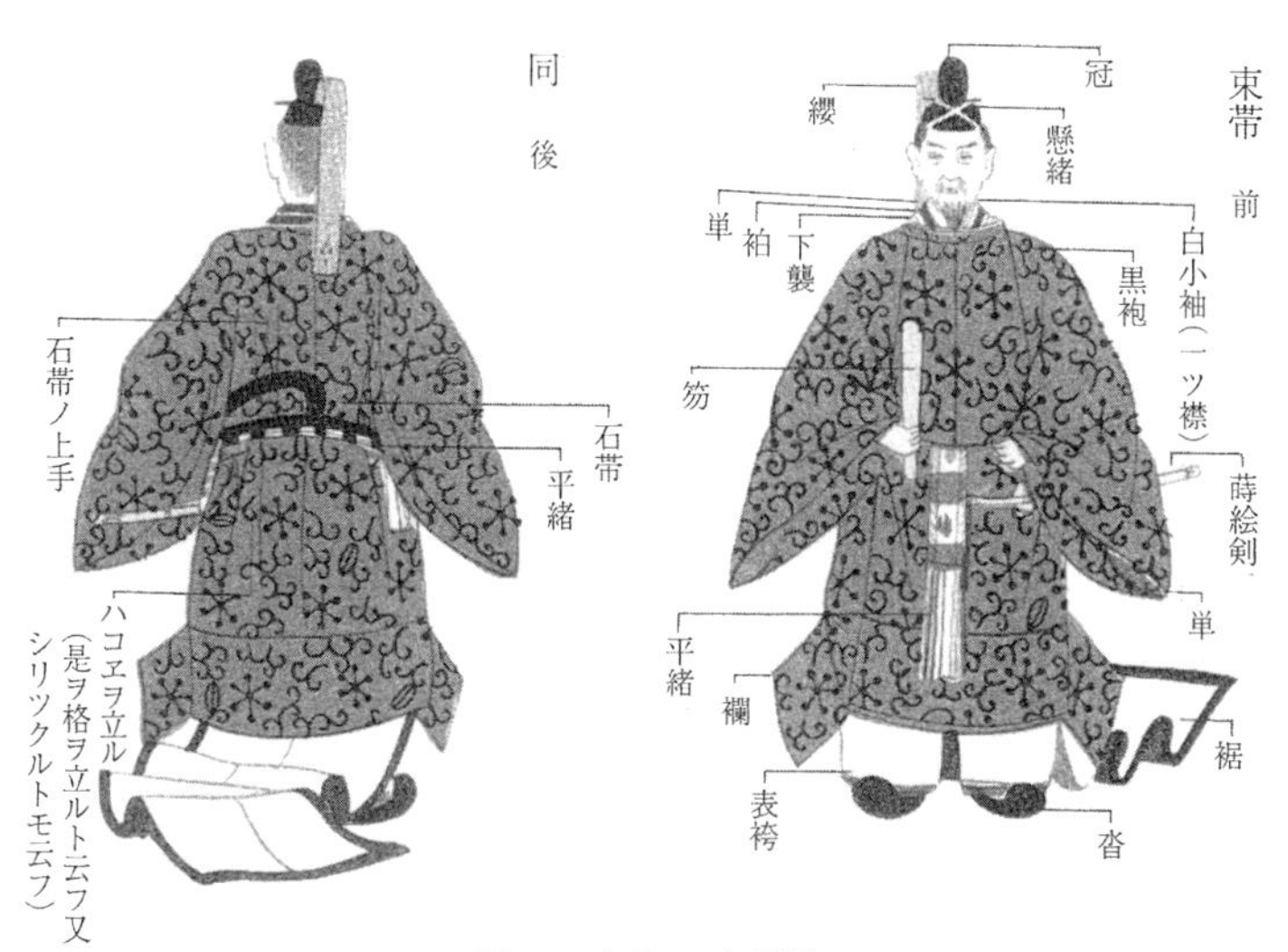

図20　文官の束帯姿

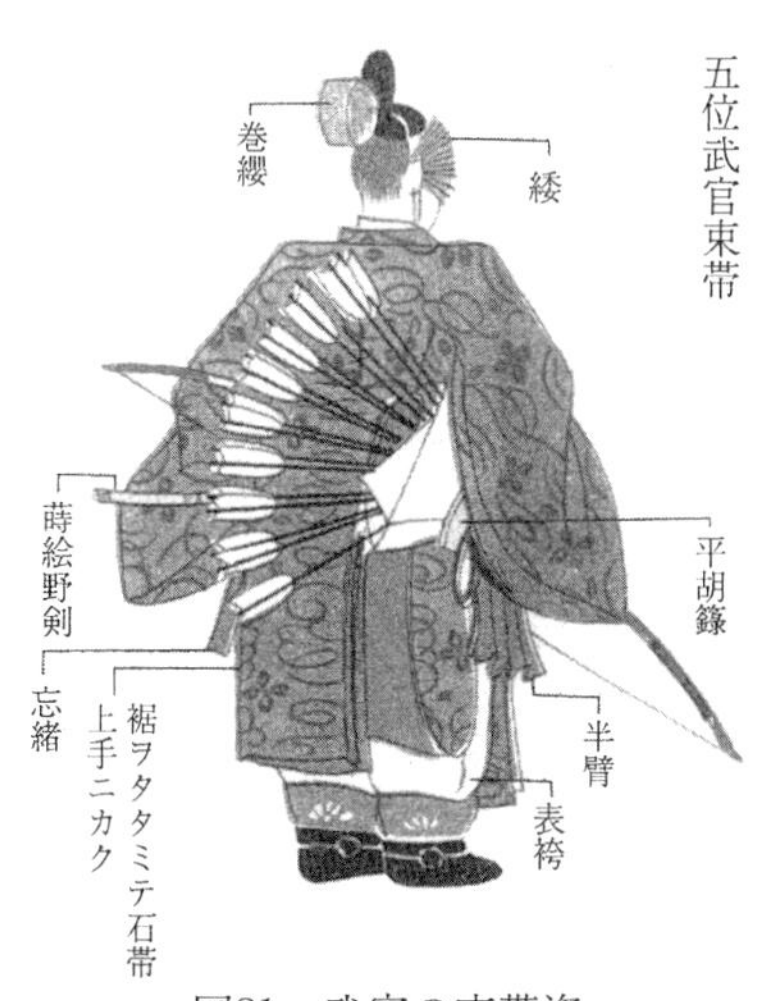

図21　武官の束帯姿

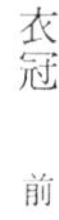

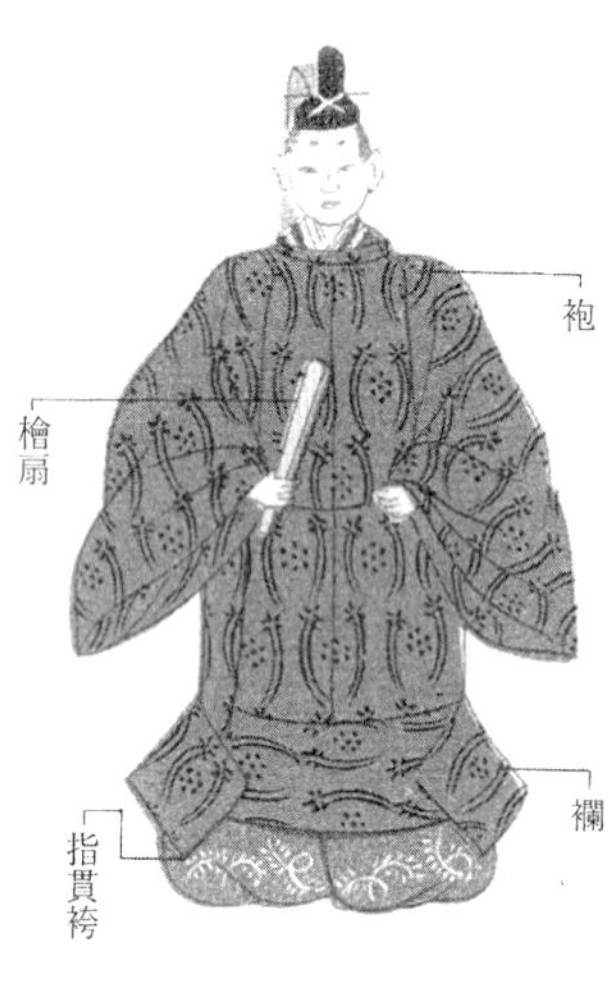

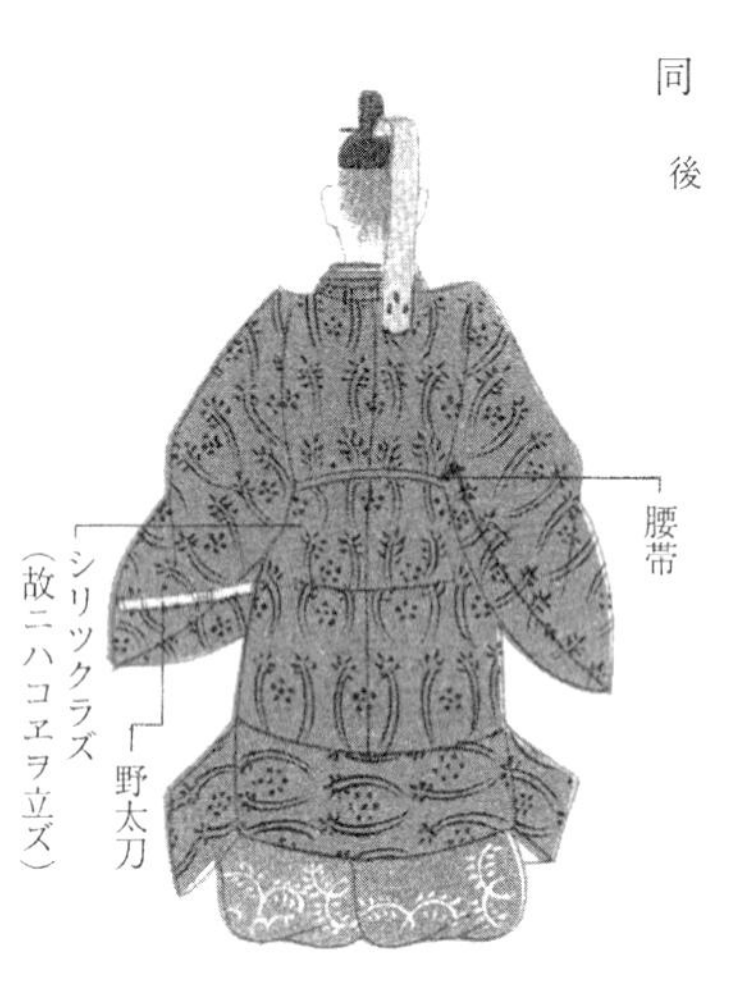

図22　衣冠姿

束帯着用の順序は、まず肌着の内衣と大口と呼ばれる紅平絹（くれないへいけん）の下袴をつけ、襪という平絹のくつ下を履き、冠をかぶる。次に単の下着に衣を重ねて表袴をはく。次に下襲をつける。これは前から見ると上半身衣の形状であるが、後腰にのみ長い裾が付属している。そしてこの上に丸襟（まるえり）身（み）二幅（ふたはば）の袍をきて、石帯を締め、畳んだ帖紙を懐に納め、笏を手にし、浅沓または靴をはけば束帯姿の完成である。

浅沓は黒塗りの木履で、靴は深い立挙（たてあげ）と革帯を付したブーツのような黒革製で、本来は武官の馬上用であったが、平安末頃からは儀礼用の装飾的な履物となった。

なお大口は腰紐一本の紅色の下袴で、腰

に廻して左脇で結ぶ。また表袴は左右二幅ずつ四幅のズボンのような細めの白い袴である。これも一本の腰紐をとり廻して右脇で結び合わせる。

文官の束帯は、前身と後身との間を縫い塞いであることから縫腋といい、武官の束帯は、図21のように袖より下の両腋をすべてあけ開いて活動しやすく仕立ててあることから闕腋といい、形状に若干の相違があった。また武官は巻纓老懸（緌）付きの冠をかぶり、太刀を平緒で佩用し、平胡籙に盛った矢を負い、弓を手にする。

巻纓は冠の後ろに垂れた纓を内巻きにして黒塗りの挟み木で留め、老懸は顔の左右を覆う飾りで、馬の尾毛で扇形に作ったものを掛緒でつけるもので、いずれも武官の標識である。ただし闕腋の着用は四位以下で、武官でも三位以上の公卿になれば、縫腋の束帯としたのである。

ちなみに、六位以下の武官の冠は細纓といい、纓を常より細くして拵え、輪のような形をしている。後には鯨骨を黒塗りにして輪を作り、纓壺に指して用いたのである。

なお太刀は武官のほかに、天皇側近の中務省の官人や、特に許された高官も帯剣することがある。その際の太刀は飾太刀または細太刀といわれる様式で、いずれも平緒で佩用した。

飾太刀は唐太刀（からだち）とも称された晴儀の料で、柄（つか）は鮫皮（さめがわ）で包んで純金の金具を四つ嵌（は）め、鍔（つば）は分銅のような形をした中国式の唐鍔（からつば）を使用する。そして鞘（さや）に付した金具には翡翠（ひすい）や珊瑚（さんご）などの珠玉（しゅぎょく）をちりばめ、太刀を吊る二ヵ所の足（あし）の部分が山形に作られ、ここにも珠玉をちりばめた豪華な太刀で、大臣などが節会（せちえ）や行幸供奉（ぎょうこうぐぶ）の際に佩用した。

細太刀は柄・鍔の部分は飾太刀と同じであるが、異なるのは鞘の珠玉をちりばめた山形の足や責金物（せめかなもの）を略し、通常の太刀の金具を用いた。その形状が飾太刀に比すと細いので細太刀の名で呼ばれたのである。

また束帯の帯剣の際に使用する平緒は、美麗な文様を施した幅三寸の幅広な組緒で、長さは九尺ほどである。これを太刀の帯取（おびとり）に通して佩用する。なお太刀の鞘の拵えにも身分による規定があり、梨子地蒔絵（なしじまきえ）の使用は五位以上、螺鈿蒔絵（らでんまきえ）の使用は三位以上とし、六位以下は黒漆（こくしつ）鞘の太刀とされた。

次に衣冠である。略装の衣冠は、冠と下着の単・衣および表着の袍は同じであるが、下襲（したがさね）と石帯（せきたい）はつけず、下袴（大口）に指貫（さしぬき）袴をはく。石帯を用いないので後腰はポケット状の格袋（かくぶくろ）を引き出してゆったりと尻を作り、格袋の左右に付した二本の小紐を前にとり廻して繰り上げた前身の上で結び合わせ、繰り下げて懐（ふところ）とする。笏は持たずに冬は檜扇、夏は紙扇（蝙蝠扇）を手にし、帖紙を懐に挟み、素足に浅沓をはくのである。

指貫袴は腰紐が前後二本、裾をたるませて長く仕立てた左右四幅ずつ八幅の袴で、裾口に通した細紐の括緒を、下括りと称して足首で括ることから指貫と称したのである。指貫袴は、公卿以上が有文、殿上人以下は無文というのが定めである。なお、袍の地質は冬（十月一日〜三月晦日）と夏（四月一日〜九月晦日）とで異にし、冬の料は裏打（裏付）、夏の料は裏無し（一重）であった。

ところで、官位制度が厳然としていた公家社会においては、束帯も衣冠も一見すれば身分が識別できる。貴族にとって身につけている衣装は、身分格式をあらわす標識ともいえるものであった。ここでは、外見のわかりやすい主なものだけを取り上げて述べよう。

まずは最上着の袍の色である。束帯・衣冠の袍の色模様は、「位袍」「当色」といって、官位相当による位色の制があった。奈良・平安初期頃までは、紫とか深き（濃き）・浅き（薄き）とかいった区別もあったが、平安中期以降からは、おおよそ次のような定めとなった。

四位以上　黒（三位以上は有紋、四位は無紋、後に乱れて四位も有紋）
五位　緋

六位　　　　緑（名称は緑、実は縹色。平安末よりは縹といっている）

これらは臣下の料で、そのほか皇太子の料は赤という。また天皇の料は黄櫨染と青色の二種で、ともに桐竹鳳凰を文様としている。黄櫨染は香色で、天皇式正の御衣として四方拝・節会などの重要な儀式に召される。いまひとつの青色は山鳩色をした略儀の御袍である。これは公卿・蔵人などが特に拝領して着用する時は麹塵と称して区別をした。なお室町の頃より桐竹鳳凰の文様にさらに麒麟と洲浜をくわえた四角模様となっている。

ことに束帯では下襲の裾、表袴・石帯などに、身分の差別が顕著である。

下襲の裾は尻ともいい、袍の下から長い裾を引きずっているように見える。官位により裾の長さが定められていた。九条道家の『玉蘂』建暦二年（一二一二）三月の日記の紙背にある「下襲裾寸法」によれば、

大臣　　　　一丈
大納言　　　九尺
中納言　　　八尺
参議・三位　七尺
四位以下　　六尺

とある。ただし裾の寸法は、室町以降になると、それぞれが二〜三尺ほど長めに仕立てられるようになっている。

裾は殿中や儀礼に際しては後に長く引き、通常の歩行の時は石帯に挟み込んだり、太刀の柄に懸けたり、手に摑み取ったりしたのである。なお、下襲の裾も冬の料は表地を白、裏地を紅や黒とし、夏の料は藍色の地で仕立てた裏無しであった。

表袴は、表地を白、裏地を紅の平絹とするが、表の地質によって公卿以上と殿上人以下との区別が容易である。すなわち三位以上の公卿の料は有紋で、四・五位の殿上人以下の料は無地の平絹であった。

石帯はベルトのような留め金具の付いた革帯で、表に方形又は円形の石を配していることから石帯という。石を銙といい、その数は一〇個である。方形のものを巡方と称して晴儀の料とし、円形のものを丸鞆と称し略儀の料として区別したが、後に中央に丸鞆六個・左右に巡方二個ずつの混合ができ、これを通用帯と称して晴儀・略儀の両様に広く使用するようになった。身分により石の素材を異にし、「延喜弾正式」には、三位・参議以上は玉、四位は瑪瑙、五位は犀角、六位以下は烏犀角と規定している。烏犀角とは黒色の犀角である。

直衣と狩衣

直衣と狩衣は貴族の私服である。朝廷出仕に際しては束帯または衣冠姿に改めるが、日常生活には立烏帽子に直衣・狩衣姿で過ごした。それも基本的には直衣は公卿の料で有文の指貫袴をはき、狩衣は殿上人の料で指貫袴は無文とされていた。

まずは直衣について述べよう。直衣は「直の衣」すなわち平常の服という意からの名称である。直衣の構成・形状は、衣冠とほとんど同じである。相違点をいえば、衣冠は袍の色が、束帯と同様に四位以上は黒、五位は緋といったような位袍の定めがあったが、直衣は私服・平常衣であるため、色目は自由であった。そこで直衣のことを雑袍とも称したのである。

けれども、直衣が自由な衣服であるといっても、位階相当の色目を用いれば位袍と同じになってしまう。そこで天皇の黄櫨染・青色や、諸臣の黒・赤系統の色を憚り、また凶色を避けたので、いつしか一定の慣行ができあがった。

それは高貴な色を望む心情から、冬の料は表を天皇の日常の白の御衣にならって白とし、裏はかつて高位の色とされた紫に似せた二藍とするのが例になった。二藍とは二種の藍の意で、紅と藍で染めたやや赤みのある青色で、それも若年は紅を濃くし、中年以降は紅を薄くして藍を強め、さらに年齢を重ねるとともに藍を淡くし、老年にいたっては裏地も白にしてこれを宿徳の直衣と称するなどの区別がなされていた。

そして夏の料は、縠紗（織目を透かして薄く織った絹織物）で裏を付けないために二藍を使用し、文様には三重襷（三重菱）が好まれた。二藍の色模様も冬の料と同様に、若年は紅を濃くし、中年以降には縹のような淡い藍色としたのである。

なお、天皇は、日常のお姿として、赤い生絹の長袴をはき、直衣をはおって下着を重ねて後に長く引き、冠をつける。その特有のつけ方からお引直衣といった。

公卿は日常には立烏帽子直衣で生活をし、来客や対面などがあれば冠直衣とした。そして朝廷出仕に際しては、束帯または衣冠に改めたのである。なお「雑袍勅許」というのがある。これは参議以上の高官や公達（大臣の子および孫）などが、直衣宣下すなわち平常服である冠直衣姿で参内・参院しても宜しいという勅許を得ることである。現代にたとえていえば、モーニングまたはダブルの礼服をきるべき所を、特に平服のスーツの着用でよいといったようなもので、格別の恩典とされた。昔は高位な者ほど軽装が許されたのである。

図23は『紫式部日記絵巻』に描かれている冠直衣姿の藤原道長である。冠をかぶり、

図23　冠直衣姿の藤原道長（『紫式部日記絵巻』，藤田美術館所蔵）

表を白、裏を淡い二藍とした冬の直衣をつけ、有文の指貫袴をはいている。袍に見える円形の文様は、白の表地に散らした浮線綾の文様で、裏地の二藍と重ねて浮き模様にみえる。道長の袍の丸文様は、伏蝶丸と称される向い蝶が羽を伏せて向かい合っている姿を図案化したものである。

次に狩衣である。狩衣は雁衣・猟衣とも書く。形状は丸襟身一幅の等身仕立で、袖は背の辺りに五寸ばかり綴付けただけで、腋は縫わずに大きく開き、袖口に括り緒を通している。着用の際には、狩衣と同地質の当帯を後身の腰に当てて前に廻し、高く繰り上げた前身の上で結び、繰り下げて懐とするのである。元来は民間に起こった服であるが、狩猟などの活動に適していることから、やがて貴族の間にも平常衣として好まれるようになった。

しかし狩衣を貴族が着るようになると、身分制のやかましい社会のこと、いつしか貴族の料と庶民のそれとを区別する慣習が出来上がった。それは五位以上の貴族の料は絹織物製で裏付きとし、衣冠のそれと同様の指貫袴を用いて立烏帽子をつける。

これに対して六位以下の地下や庶民の料は、麻や葛布などの布製で裏無を定めとし、織模様を禁じて染め色のみを許し、袴は布地左右三幅ずつ六幅の狩袴を下括りにはき、烏帽子も柔らかな折烏帽子を用いる。そして名称も絹織物製の貴族の料を狩衣といい、布製のそれを布衣と称して区別をするようになっていった。

図24は佐竹本『三十六歌仙絵』の坂上是則である。従五位下の殿上人にふさわしく、烏帽子は正面中央を押し込んで形を整えた立烏帽子をかぶり、三柏の文様を散らした茶色の狩衣に、無地の指貫袴をはき、足は素足である。大きく開いた腋から見える下の衣が三重襷文様であることから夏姿と知れる。

衣装は身分を表す標識

貴族の服装は位袍の定めがあった束帯や衣冠のような朝服だけでなく、日常生活における私服も、公卿以上は冠直衣または立烏帽子直衣、そして四位・五位の殿上人は立烏帽子狩衣を着るといった、身分相応の慣習が守られていたのである。

図25は『年中行事絵巻』に見える蹴鞠の光景である。楽しい遊びの時を過ごしているのであるが、そうした場においても、身分による身形・格好の違いは歴然としている。すな

図24　立烏帽子狩衣姿の坂上是則（『三十六歌仙絵』）

図25　蹴鞠に興じる公卿・殿上人たち（『年中行事絵巻』）

わち、立烏帽子狩衣に無文の指貫袴をつけているのは殿上人で、冠直衣姿をしているのは三位以上の公卿である。

また桜のあたりにいる坊主頭の衣装は、裘代（きゅうたい）という法体装束（ほったいしょうぞく）の一種である。これは俗の直衣に相当する準礼装で、僧綱襟（そうごうえり）という立襟（たてえり）を特色とする。有文の指貫袴をつけていることからしても、もとは大納言以上の高官の出家姿とみえる。

競技者はいずれもなめし韋（かわ）製の靴下を用いて浅沓をはき、脱落せぬようにその上を紐で押えている。本来、束帯の場合は必ず絹の襪（しとうず）をはくが、衣冠・直衣・狩衣などは素足を定めとした。高齢者や足に怪我をした場合などに限り、特に願い出て襪の使用を勅許されることもあるが、通常には素足を原則としたのである。しかし蹴鞠に際しては鞠を蹴るため、足を痛めぬように韋襪（かわしとうず）の着用を例とした。桜の木の後方にいる冠直衣姿の公卿は、沓に懸けた紐が緩んだのであろうか、垂髪（すいはつ）の稚児（ちご）に結び直させているようである。

ところで『義経』には、太政大臣平清盛（きよもり）や大納言平重盛（しげもり）をはじめとして、公卿・殿上人となった多くの平家一門のほか、後白河上皇（ごしらかわじょうこう）や摂政・関白をはじめとする公家衆およびその家族や家司（けいし）などが多数登場する。風俗考証の立場からすると、そうした登場人物のそれぞれにふさわしい身形・格好をさせる責任がある。

そこで考証会議では毎回のように、束帯・衣冠着用の際の位袍の定めや、日常における公卿の直衣、殿上人の狩衣の色模様、その他身分による冠や烏帽子の相違や、年齢・季節による区別などについて念をおす。

しかしなかなか思い通りにはいかないこともある。美術スタッフが用意できる衣装の数量には限りがある。ことに束帯や直衣の数は少なく、公家の衣装は借りるにしても高価なため、予算的にも調達が不可能なことも多い。

たとえば、直衣の数が揃わずに、結局は狩衣で済ますといったようなことはしばしばである。また、衣装合わせに出された立烏帽子の丈が低いことを指摘したところ、出来るだけ丈高なものを用意はするが、ドラマ用の立烏帽子は、テレビ画面に納まるように、あえて短めに仕立てられているという衣装係の言には、苦笑するよりほかはなかった。

武士の装い

鎌倉時代の男装

鎌倉時代は武家の力が強くなったとはいえ、服装などは平安以来のいわゆる律令制の官位・身分による規定が厳しくおこなわれていた。たとえば、公家が朝参出仕をする際には束帯または衣冠をつけ、その上着（袍）の色に、四位以上は黒、五位は緋、六位以下は縹（薄い藍色）といった区別があった。

また私邸にあっても、三位以上の公卿は直衣に有文の指貫袴、四・五位の殿上人は狩衣に無文の指貫袴を常用とし、かぶり物も、五位以上は立烏帽子、六位以下は風折烏帽子と定められていた。

そこで『北条時宗』においても、朝廷に出仕をする公卿・殿上人は官位相当による衣冠姿を主とし、関白や大臣らは時に冠直衣姿としている。鎌倉期の朝廷にあっても、公卿の私服である直衣で参内するのは、特に勅許を得た高官のみとされていたからである。

『北条時宗』の制作でも、公家の衣装には苦い思いをしている。予算の都合というだけでなく、衣装の束帯や衣冠の数量を集めきれないのであるから、ドラマにおける登場人物も少なくなるのは当然である。天皇御前の朝議でさえ、史実とは異なる少人数とせざるを得ない。つまりは登場人物の設定も、調達の可能な衣装の数に合わせなければならないこともあるのである。前太政大臣西園寺実氏が殿上人のような狩衣姿で登場したが、これも用意をした直衣を親王と関白にきさせると余分がないということで、当時の公家社会ではあり得ない風俗となったのである。

鎌倉時代の武家の服装も、基本的には令制の規定による慣習が守られていた。それゆえ参内の機会があれば、公家の服制による束帯や衣冠をつけ、五位以上のものは、日常でも殿上人と同様の立烏帽子や狩衣を着用することが多かった。そこで『北条時宗』でも、執権や連署・北条一門など五位以上の者は直垂でも立烏帽子をつけ、四位に叙せられた重鎮は立烏帽子狩衣姿で登場し、身分階層の区別を示している。

鎌倉の御家人たちは、時に水干を着用することもあるが、全体的には侍烏帽子に直垂の姿が普通であった。そして御家人の被官など下級の士や一般庶民の男性は、袖細の裾短な直垂や、小袖袴を常服としていた。

水干と直垂

水干の形状は狩衣とよく似ている。すなわち丸襟で身は一幅、袖付けも後身背のあたりに五寸ばかり綴付けただけで、腋は縫わずに大きく開いている。異なる点は、水干の丈は狩衣よりも短く、狩衣は足首までの等身仕立てであるが、水干の仕立ては膝のあたりまでの上半身衣である。狩衣は袴の上に着るが、水干は裾を袴の内に着籠めて着用するのを普通とした。襟も狩衣と同様に盤領（丸襟）であるが、狩衣は袍と同じく蜻蛉による入紐であるのに対し、水干は頸上の先端と襟の背中央に付けた紐とを結んで襟を合わせるようになっている。

水干とは、元来麻・葛等を水張りにして干した布を意味し、この水干地で仕立てた服を水干と称するようになったのである。もともとは庶民の間にもっぱら用いられた衣服であった。

図26は、『伴大納言絵詞』に見える水干をきた庶民の姿である。向って右手の草鞋を履いている男は、淡い藍に寄生（ヤドリギ）の模様の水干に、同じ淡い藍に横縞の小袴をはいている。小袴も六幅であるが運動しやすいように短く仕立て、裾口に通した細紐を上

図26　水干小袴をきた庶民（『伴大納言絵詞』）

括（くくり）とよんで膝の下で括るのを原則とする。盤領の襟は立てたままで、上前の先と首の後に綴じ付けた紐を結び合わせて着用している。

また左手の平足駄（ひらあしだ）をはき、少し腰をかがめている男も、茶と縹色の水干に薄茶色の小袴をはいている。二人の烏帽子は萎烏帽子（なええぼし）または平礼烏帽子（ひれえぼし）と称する庶民のかぶり物である。貴族の料である前をくぼませた立烏帽子とは異なり、庶民の料は、後を押し込んでくぼませ、あるいは天辺（てっぺん）が折れてひらめいている柔らかな感じである。かぶり物にも身分階層による区別があったのである。

図27　直垂姿の武士たち（『蒙古襲来絵詞』，宮内庁三の丸尚蔵館所蔵）

直垂は身二幅の方領（かくえり）で腋のあいた上半身衣で、襟の両側に胸紐が二本垂れ、袖下には露という紐が垂れている。袴は小袴もしくは切袴（半袴）を着用する。そして上着と同じ地質・色目の袴を用いて直垂上下と称し、異なる袴の場合は直垂小袴・直垂切袴などと称した。

鎌倉時代の武士は日常にも柳営（幕府）出仕にも直垂を着用し、軍陣にもこの上に甲冑を着けた。『蒙古襲来絵詞』には、鎌倉武士の日常・軍陣における直垂姿をうかがうことができる。

図27は、同絵詞の御恩奉行安達泰盛邸である。座敷内には御家人たちが置畳に坐し、庭にいるのは座敷に上がった御家人の従者

図28　外出する主従（1）（『法然上人絵伝』，知恩院所蔵）

や安達の家人たちであろうが、いずれも直垂上下の姿である。

白い直垂の剃髪した坊主頭の武士を除いてみな烏帽子をつけている。これは萎烏帽子を行動の便から細かく畳んだ折烏帽子であるが、武士が好んで用いたことから侍烏帽子とも称している。着用に際しては、落下をしないようにあらかじめ紙縒(こより)や紐を髻に結び、折烏帽子の左右に穴を開けて引き出し、背面外部で結び留め、小結(こゆい)と称した。また儀礼や正式の際には烏帽子の上から緒を掛けて顎に結び、これを頂頭掛(ちょうずがけ)または烏帽子掛(えぼしかけ)と称した。

鎌倉期の武士の衣装は、室町期以降のように身分による地質・色目・文様の区別などは明確ではないが、『法然上人絵伝』や『一遍上人絵伝』『春日権現験記絵』などを見ると、階層によりある程度の区別があったことがうかがわれる。

図28は外出した主従三人を描いている。先頭を行く主人は水干を無文指貫袴に着籠め、立烏帽子をかぶっているから、四・五位の身分にある武士とみえる。この水干は方領（角襟）のように見えるが、じつは丸襟を立てて紐で結ばずに、頸上の紐を緩めて内側に折り返し、その紐を左腋から引き出して背中央の紐と胸のあたりで結び合わせている。これは水干の盤領を垂領にきるといい、鎌倉時代に入ってから流行したつけ方である。

そしてお供の右方は直垂小袴の上下に侍烏帽子をつけ、左方も直垂上下であるが、烏帽子をつけず太刀を右手に持っているから太刀持ちの小者であろう。履物は主人が草履で、従者は草鞋である。

図29も『法然上人絵伝』に見える主従である。主人は後姿であるが、直垂を無文指貫袴に着籠め、立烏帽子をつけている。従者はいずれも直垂上下に侍烏帽子である。右方は弓と矢を盛った箙を持ち、左方は右手に主人の太刀

図29 外出する主従（2）（『法然上人絵伝』，知恩院所蔵）

を持つが、その太刀の尻鞘が虎皮であることから、主人が五位の身分であることがわかる。尻鞘は雨湿・炎干に備えて鞘にかぶせる毛皮であるが、四位以上は豹、五位は虎、そして六位以下は熊・鹿・猪といった区別があった。

主人の腰刀に下げているのは火打ち袋であろう。火打ち石・火打ち金・火口等を入れ、時に薬などをも納め、中年以降の者が携行したのである。履物はいずれも足半のようである。足半はかかとの部分のない短い藁草履で、尻切ともいい軽くて歩行しやすく、武士の間に好まれた。

『法然上人絵伝』は、浄土宗の開祖、法然房源空の生涯を絵画化したものである。原本は失われ、写本が伝えられるのみであるが、原本の成立は十三世紀にさかのぼるといわれている。

また『一遍上人絵伝』は時宗の開祖一遍の伝記絵巻で、製作年代の最も古いといわれるものは十三世紀末である。『春日権現験記絵』は、奈良春日明神の由来と霊験に関する物語を合わせて絵巻物にしたもので、作期は十四世紀初頭である。

『北条時宗』では、そうした鎌倉期の絵画史料の描写を参考にして一般御家人や得宗家御内人などの武士は侍烏帽子に広袖の直垂と裾括りを入れた小袴の姿とし、下級の士や郎従は侍烏帽子に布直垂、あるいは袖細の直垂に小袴、袖細の小袖に四幅袴（切袴）といった区別をつけている。

身分序列化した室町期武家の服装

京都に幕府が置かれた室町時代には、足利将軍を中心とする武家の身分格式が形成され、大名・武家衆間の序列化が進んだ。それにともない、武家の服装にも身分の上下による区別がなされるようになった。

その最も顕著なものは、従来の直垂のほかに大紋、素襖と称された服装が現れたことである。これらの外見は類似しているが、室町以降では次のように区別をしている。

直垂は絹製裏打（裏付）の袷で、縫い合わせ目に菊綴結びと称する紐結びのような形状の綴紐を施し、左右の胸緒と袖下に露を垂らす。

大紋は布製の直垂で、菊綴結びの代わりに胸の左右・両肘、腰周り・背のあたりに家紋などの大形の文様を据え、両腰は直垂と同じく白の生絹とし、胸緒と露には同じ丸打ちの組紐を付した。

素襖は染布製の裏をつけない一重で、菊綴・胸緒・露を染韋とし、両腰は素襖と同じ地質の共裂とした。

図30　足利義教画像

この中の直垂は上級武士の式正(しきしょう)（晴）の料、大紋は上級武士の略装、素襖は中・下級の武士の常服とされた。そして直垂・大紋・素襖はともに烏帽子をつけるのが普通である。

室町末期には、大紋は直垂に準ずる礼装として上流武士の間に用いられ、素襖は一般武士の略儀の装束とされるようになった。そこでこうした室町期の風俗を武将の画像に見てみよう。

図30は妙興寺(みょうこうじ)蔵の足利六代将軍義教(よしのり)像である。相国寺鹿苑院の瑞渓周鳳(ずいけいしゅうほう)の賛によれば、義教が永享四年（一四三二）、富士遊覧の途中尾張妙興寺に立ち寄って寺領を復旧したので、住持がこれを徳としてこの画像を描かせて祀ったといい、八代将軍義政(よしまさ)の花押(かおう)が据えられている。

義教は折烏帽子をかぶり、白絹の直垂上下(かみしも)をつけ、合口(あいくち)拵(こしら)えの腰刀を差し、扇を手にして大紋高麗縁の置き畳の上に安座（胡坐）している。足は素足のままである。胸・肘・腰の縫い合わせ目に付した菊綴結び、丸打ちの胸紐と袖下に垂れた露、前に結んだ白絹の両腰など、直垂の特色がよくうかがわれる。

烏帽子は峰を左に折って固定したもので、緒を掛けて顎に結んでいる。萎烏帽子を細かく折って使用する侍烏帽子に対し、萎烏帽子が風に吹かれて折れた形をしていることから、風折烏帽子と呼んで区別をした。風折烏帽子は主に六位以下の地下の料である。

足利将軍は通常には立烏帽子であるが、この義教画像では風折烏帽子をつけている。また素足で描かれていることからも、中世では寒暖にかかわらず、素足を式正としていたことがわかる。

図31は大徳寺聚光院蔵の三好長慶画像である。侍烏帽子をかぶり、群青地の胸・肘・腰周りに白く桐の薹を配した大紋をつけ、合口拵えの腰刀を差し、扇を握り、小紋高麗縁の畳の上に座している。左足を上にして重ねた足は素足である。袴の腰は白の生絹、丸打ちの胸紐および袖先に垂れた露は白、襟元には朱の肌着と白地に黄横縞模様の内衣をのぞかせている。

髪は薄いが、眉は太く、口髭と顎鬚を品よくたくわえている。戦国時代には、武士は剛

図31　三好長慶画像

図32　毛利元就画像

勇の風貌をあらわすために髭を好み、髭のない者は付け髭をすることもあった。

図32は豊栄神社蔵の毛利元就画像である。侍烏帽子をかぶり、茶地に白く一文字三星の家紋を据えた大紋を着し、腰刀を帯び、蝙蝠扇を握り、小紋高麗縁の置畳の上に威儀を正している。足には染模様の韋足袋を着けている。袴の後腰が張っているのは、固い厚地の精好織の大口袴を下袴としているためである。大紋は直垂と同様に、胸には丸打の胸紐を付け、腰の緒は練絹を幅広に畳んだ白腰とするのが特色である。

上部に南禅寺の仁如集堯による永禄五年（一五六二）九月の賛を有し、元就の生前に描かれた寿像であることがわかる。傍らに立てかけているのは糸巻の太刀である。これは細い平組の緒をもって柄および鞘の二つの足先までを巻いたもので、室町時代に一般的に用いられた太刀拵である。

図33は早雲寺蔵の北条氏康画像である。侍烏帽子に鶴亀模様を配した大紋姿である。胸紐と袖口に垂らした露を朱とし、襟元には薄い青と茶の片身替りの小袖の内衣を見せ、小紋高麗縁の青畳の彩色とよく調和している。

右手には中啓とよぶ扇を握り、腰刀は鮫皮柄合口拵で、鞘口の表に理髪用の笄を収め、鞘裏に小刀を嵌めた小柄を収めるのを例とする。

図33　北条氏康画像

図34　明智光秀画像

右足を上にして重ねた足には白足袋がつけられている。本来は素足を正式としたが、戦国期になると軍陣用の韋足袋が日常化した。そしてさらに近世になると、足袋を用いること自体が礼容にかなうものとされるようになる。

図34は本徳寺蔵の明智光秀画像である。侍烏帽子をかぶり、茶地に白く笹竜胆の文様をあしらった小袖の上に素襖をつけている。剝落しているが、素襖は白地で腰の辺りに茶の横縞を入れている。腰緒も共裂の横縞である。合口拵の腰刀を帯び、手にしているのは細骨の沈め折（畳むと先が細くなる）の扇のようである。

足が見えないのは、裾を長く仕立てた殿中用の袴をつけているからであろう。蘭秀宗薫の慶長十八年（一六一三）の賛を有し、没後三〇年に描かれたことがわかる。

ここには胸紐と袖下の露が見えないが、直垂・大紋には丸打の組紐を用いるが、素襖のそれは染韋を用いるのが普通である。

なお江戸幕府の晴儀の服制では、直垂は侍従以上、大紋は五位の諸大夫、そして素襖は三〇〇〇石以下お目見え以上の料とされた。

戦国・安土桃山期の新しいファッション

戦国期は服装の簡略化が進んだ時代である。すなわち、前代室町期の武士階級が常服として着用していた直垂系統の大紋や素襖は礼装となり、これに代わって肩衣袴が一般化し、さらにそれが略礼装としても用いられるようになっていった。こうした中にまた新しいファッションも現れた。

それは、肩衣をつけない小袖袴だけの姿や、その上に直綴や胴服（道服）の類をはおる風俗で、袴をつけない着流し姿のままで人前に出ることも珍しいことではなくなった。そしてこのような姿が、武将の肖像画にも見られるようになる。

まずは肩衣袴姿から見よう。肩衣は、小袖などの上にきる方領（かくえり）で、腕の開いた袖のない上半身衣で、袴とあわせて用いるのを常とした。肩衣に袴をつけた肩衣袴の服装が一般化するのは室町末期の永正年間（一五〇四～二〇）頃からである。当初はもっぱら下級武士の野外における服であったが、活動に適していたことから、やがて上級武士の間にも着用されるようになった。そして安土桃山期には武士階級の平常服となり、さらに略式礼装としても用いられた。

肩衣に類似したものとして、古くから神事の奉仕者などがきる、肩と背ばかりを覆う小忌衣（みごろも）という上半身衣があった。また庶民の間では、袖をつけずに両腋下を縫い合わせたものを手無（てなし）・胴衣（どうぎ）などと呼んで労働着として用いていた。

しかし戦国期に出現した肩衣の起源は、素襖の袖を切り離したものである。そのため肩衣は布製を原則とし、色目・模様もすべて素襖に準じられた。

図35　織田信長画像

図35は、長興寺蔵の織田信長画像である。肩衣袴姿で大紋高麗縁の置畳の上に胡坐（あぐら）をかいて端座し、鋭いまなざしを向けている。

この肖像画は、織田家臣の与語（よご）久三郎正勝が、天正十一年（一五八三）六月二日の信長一周忌のために、狩野元秀（かのうもとひで）に描かせて寄進したものである。

頭は烏帽子をかぶらない露頭（ろとう）（露頂（ろちょう））で、月代（さかやき）を大きく剃りあげ、髪は髻（もとどり）を後頭部で二つ折りにして束ねている。肩衣袴姿の場合は、このような烏帽子を払った露頭を通例とする。

戦国期の武士の間には、陣中での髪の手入れの面倒をさけるため、頭上の髪を円形に剃って茶筅髪や束ね髪とすることが流行した。信長の頭は、髪を後頭部にわずかに残すだけのいわゆる大月代である。

衣服は朽葉色の肌着に赤の下着をつけ、白地の小袖を重ね、その上に桐の薹紋を白く染め抜いた萌葱色の肩衣に、腰の下のみ白く引両筋を入れた袴を着用している。そして手には沈め折（畳むと先が細くなる）の扇を握り、腰には鞘に小柄と笄を収めた組糸菱巻柄の小刀を差している。ルイス・フロイスが「中丈で華奢な体軀で髯は少ない」と評した信長の風貌そのものが感じられるとともに、ハイセンスなおしゃれ感覚もうかがわれる。

肩衣が礼装となると、外見も襟に続く左右前身の裾を狭くし、肩を張らせ、襞を深くとって扇手に開かせるなどの形式化が進み、袴も同地の色模様で上下（裃）と称されるようになった。

図36は江戸時代における大名・旗本らの出仕の服装である。通常には小袖の上に揃いの肩衣・袴をつけた肩衣半袴、もしくは肩衣と袴の地質・色模様の異なる継上下とし、晴の行事の際には練絹地で腰のあたりに筋や格子を織り出した熨斗目小袖の上に、色目を同じ

図36　大名・旗本らの出仕の服装

図37　細川幽斎画像

にした麻の肩衣と長袴を用いて長上下と称した。ちなみに江戸時代の正式では、下着の襟を五位以上は白とした。

次に「はおる」風習と「着流し」について述べよう。江戸時代以降、羽織といえば襟を外に折り返して着用する丈の短い上着を指すが、元来は小袖の端を折って短くしたり、直綴や胴服の類をはおったりすること、つまりは帯を用いずに着物の上にうちかけて着ることを意味していた。

図37は、南禅寺天授庵蔵の細川幽斎画像である。白の肌着と茶の間小袖の上に、青色の小袖を重ね、鼠地に白花を散らした袴をつけ、茶の薄物の直綴をはおっている。腰には合口拵の腰刀を帯び、右手に団扇を持って斜め上方を見つめている。縁の上面に小紋、前面に波模様を描いた高麗畳の上に安座した右足は投げ出しているのであろうか。

直綴は法衣の一種で、上着に裳（僧侶が腰から下にまとう襞のある衣）を直に綴じつけたことによる名称である。剃りあげた頭にふさわしい風体となっている。以心崇伝の賛があり、幽斎没して二年後の慶長十七年（一六一二）に、その後室光寿院が描かせたものとわかる。

大きな耳に目鼻立ちの整った彫りの深い顔、いかにも和歌・古典・有職故実に通じ、当代随一の文化人といわれた幽斎らしい肖像である。

図38は、京都国立博物館蔵の、南部信直の家臣が秀吉から拝領したと伝えられる辻が花染の胴服である。辻が花染は桃山時代を中心に流行した。胴部は白地を残して肩を紫、裾を萌葱に染め、桐の薹と矢襖模様をあしらった見事な作品である。

胴服は元来仏門に入った道者の服であるとか、道中にきた服とかいわれるが、僧衣の直綴の変化したものとみられる。はじめは丈が長かったが室町頃から十徳（袖付の下に襞の

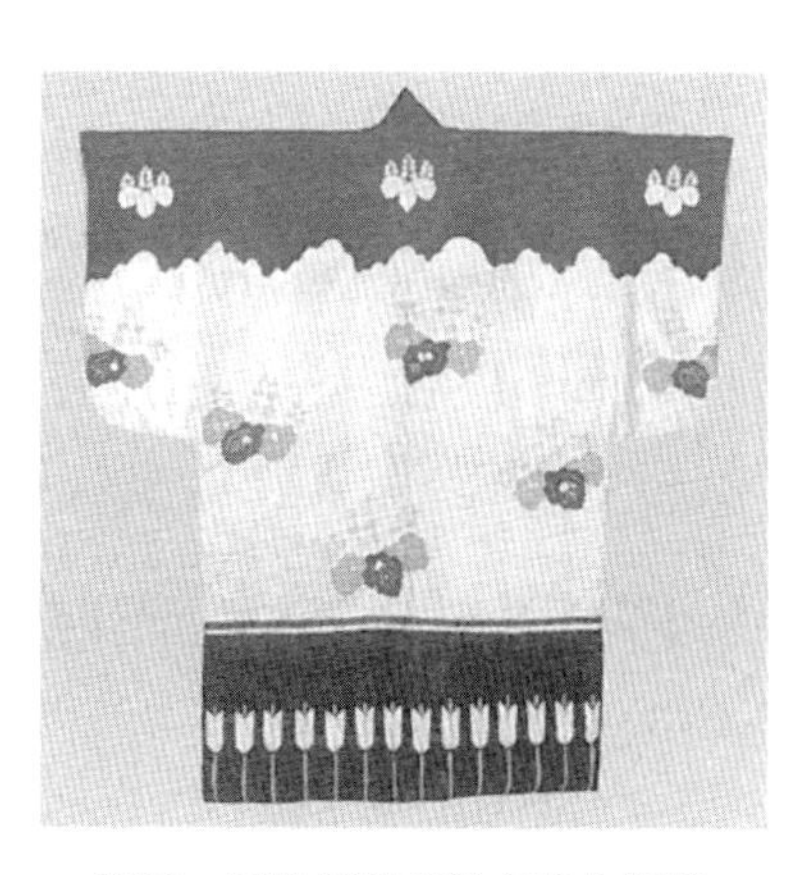

図38　桐矢襖模様辻が花染胴服

図39　黒田孝高画像

ある半身衣で下級武士の旅装）に似た形状の半身衣となった。胴服は日常、小袖などの上にはおって着用するもので、華麗な染模様のほかに、輸入品の毛織物や縫箔などを用いて意匠を凝らしたものもある。

図39は、大徳寺龍光院蔵の黒田孝高（如水）画像である。白い頭巾をかぶり、茶地青格子縞の小袖の上に、群青色をした薄物の胴服をはおった着流し姿で小紋高麗縁の置畳に安座している。

頭巾は露頭が一般化する中に、寒暑や塵除けに備えるものとして発達した。前に結んだ茶色の帯は紐のように細い。桃山期頃までの帯は、いまだ後世のように幅広ではないのである。

足は投げ出し気味に組み、膝の上に扇を持った左手をのせ、右肘を脇息に置いている。季節は夏であろう。脇に置いた二段式の刀掛には打刀と脇差が架けられている。鞘の鐺（鞘尻）が一文字（コの字型）のものを小刀というのに対して、このように丸味をおびているもの（つの字型）を脇差という。刀を刀掛に架けるようになるのは、慶長末年頃からのようである。大徳寺春屋宗園の慶長九年（一六〇四）仲秋の賛を有し、孝高の没後まもなく描かれたことがわかる。

図40は日光輪王寺蔵の徳川家康画像である。縁に面した書院の一室で、小袖の着流し姿に黒い頭巾をかぶり、片膝を立ててくつろいでいる。頭巾は襞(ひだ)をとった丸頭巾とよばれるもので、小袖は薄青地に小紋を総模様とした三葉葵(みつばあおい)の紋付である。背後の松と鷹が描かれている棚には、花瓶と台に据えた香炉が飾られ、脇には刀掛、そして縁先には霊亀(れいき)をかたどった台に載せられた松の盆栽が置かれている。

図40　徳川家康画像

刀掛に架けられた打刀拵(うちがたなこしらえ)が、太刀のように刃を下に向けて描かれているのは杜撰(ずさん)であるが、これは三代将軍家光が、夢に現れた家康の姿を、狩野探幽(たんゆう)に描かせたといわれる八幅の画像の内の一つで、この像だけが天海僧正(てんかいそうじょう)の賛をもっている。

時代を表すドラマの衣装

大河ドラマでは応仁の乱以降の戦国・安土・桃山時代を扱ったものが多い。それだけに視聴者の知識も豊かであるから、考証に手抜きは許されない。この時代は戦国乱世から天下統一へとめまぐるしく躍動しただけでなく、南蛮文化の影響もあり、衣食住の風俗があたかも一〇年刻みのように変化をしている。

それゆえ広く文献史料にあたるだけでなく、画像や屏風絵などの絵画史料をも丹念に検討し、時期的な流行の変遷をも念頭においた考証に気を配らなければならない。

なかでも衣装はドラマの時代を最もよく表すものである。『花の乱』では細川勝元（かつもと）や山名宗全（そうぜん）らの守護大名は直垂または大紋姿、その他の武士の多くは素襖姿であった。また『毛利元就』では大内、尼子の家臣や毛利の重臣たちは烏帽子に素襖、中下級の士は露頭（ろとう）に肩衣袴や小袖袴姿で登場した。

また『秀吉』や『葵・徳川三代』の前半では、儀式等の改まった際には直垂・大紋・素襖に烏帽子をつけ、日常には露頭の肩衣袴姿とし、秀吉や家康・秀忠らは小袖袴の上に胴服をはおったのである。

武士階層に較べると、一般庶民の服装は変化が少ない。平安末期における京都の庶民の萎烏帽子に水干小袴（すいかんこばかま）を着た姿などは、鎌倉時代はもとより室町末期の商人の姿にもある。袖細の小袖に小袴や裾短な四幅袴（よののはかま）をはいた姿は、鎌倉・室町時代を通して見られた。

戦国期以降には、これらの服装の烏帽子をはずして露頭としておけば、大きな誤りはない。着流し姿の流行に合わせて、地味な袖細や裾短な布小袖に、紐のような細い帯を締め、これに脚半(きゃはん)をつければいかにも庶民らしい服装となる。『武蔵』に登場した農民・商人・町人たちの多くもこの格好であった。

前述のように、肩衣は素襖の両袖を袖付より切り離したものであるが、この肩衣の形状も時代によって異なる。戦国期の肩衣は左右前身の幅が広く、天正上下(てんしょうかみしも)の名で呼ばれている。それが江戸時代に入ると前身の幅を狭くし、肩を張らせ、襞(ひだ)を深くとって扇手に開かせるなどの形式化が進み、裃(かみしも)と称されるようになった。

この戦国型の天正上下から江戸型の裃への変化の時期は、秀忠の元和(げんな)期頃と思われる。けれども、『葵・徳川三代』では家光の寛永末年まで戦国型の天正上下で通し、江戸型の裃には変えられなかった。それはひとえに制作費の予算の都合によるものであった。ただ金のかからない座り方だけは時代どおりにということで、元和と寛永との境あたりを区切りとして、安座(胡坐)から正座(端座)へと変えたのである。

住居と乗物

屋敷がまえと調度

日本的建築と部屋飾り

大河ドラマにおける屋敷や部屋などの住居を場面とする収録は、ロケ地でおこなわれることもあるが、室内場面の多くは、放送センター内のスタジオに作られたセットでなされる。

城郭や大きな武家屋敷などの場面は、もちろんロケになる。ロケは山梨県の小淵沢町や、岩手県の江刺市・藤原の里などに作ったセットのほか、観光用の歴史村や、大河の放映に合わせて自治体などが製作した施設が利用されることもある。

『葵・徳川三代』では、静岡市が開催した「静岡葵博」で再現された大御所御殿や駿府城下の町並みなどが使われ、『北条時宗』では、博多市の「中世博多展」で再現された大唐街とその建物がロケの舞台となった。

建築考証は建築史の専門家によってなされるが、スタジオ収録のために必要な部屋や座敷飾り・調度類などについては時代風俗の考証会議でもしばしば話題となる。ドラマにふさわしい住居・部屋作り、そして座敷飾りや置物に使用される小道具の考証も、時代劇制作の重要な要素である、その基本的な拠り所とされる資料は、絵巻物や屏風絵などに描かれているそれぞれの時代風俗である。

建物の様式や室内の模様は時代や階層によって異なるが、ここでは寝殿造とその室内の部屋飾り・調度を中心にみることにしよう。寝殿造は、平安時代の貴族住宅にはじまるが、いわゆる日本的な建築様式の基本として、後世にまで大きな影響を及ぼしている。

寝殿とは本来は住宅における中心の主屋を指すが、普通には平安時代の貴族住宅の様式を寝殿造といっている。方一町（約一〇九メートル四方）の敷地を基準として築地で囲み、南北の中心に主屋である寝殿を建て、その東西に対ノ屋とよぶ副屋を設ける。そのほかの棟も含め、すべての建物は二間の細殿（廊下）または透渡殿とよぶ吹放しの廊下でたがいに連絡されている。

建物は北半分、南半分を庭園にあて、橋や中島をもつ広い池を掘り、泉殿または釣殿

(『年中行事絵巻』)

図41　貴族邸の闘鶏

と称する亭を設け、管弦や歌会にも使用された。むろんこの亭も中門廊から長い細殿で続いているという豪勢な造りであった。

図41は『年中行事絵巻』に見える貴族邸の闘鶏である。画面は東の総門前から東中門を経て、寝殿前庭でおこなわれる闘鶏を中心にして、西中門までを描いており、寝殿造の建物の外観がよくうかがわれる。

また図42（九八頁）は『春日権現験記絵』に吹抜屋台の形式で見せている広壮な関白邸と斎宮邸で、寝殿内部の構造と調度がていねいに描かれている。

そこでこれらの画面を中心にして、貴族の住居とその室内の調度について述べよう。

邸宅の家格を表す総門

まずは『年中行事絵巻』の貴族邸からみていこう。右手は東の表門とその前に立て連ねられている牛車が描かれている。この表門はいわゆる正門であり、正しくは総門と称される。

現代では、一戸建ての家には門があるのが普通であろう。そして洋風や和風の建物に合わせ、様々な門をそなえている。けれども、門が一般住宅に造られるようになるのは明治以後のことであり、江戸時代以前においては、寺社や公家・武家以外の建物に門が造られることは稀であった。

門といえば羅生門・朱雀門のような都城の入り口に設けられた門や、陽明門・待賢門をはじめとする宮城の門、それに神社の鳥居、寺院の楼門・山門、城郭の城門など様々であるが、公家や武家の住宅の門には一定のきまりがあった。

外郭の正門を総門といい、内部の庭園との境界に設けられたものを中門という。そして総門は家主の格式を示して四脚門（四足門）を大臣以上とし、棟門を一般公家の門とし、公家は檜皮葺、武家は板葺を原則とした。ちなみに宮城や大寺院の総門は、本柱四本の前後に更に控柱各四本を有し、八脚門（八足門）と称されている。

棟門は本柱二本を立てた切妻屋根（書物を半ば開いた形の屋根）の門で、四脚門は本柱の前後に控柱各二本を持った門である。

図41の貴族邸の総門は、檜皮葺の切妻屋根を持つ、本柱二本で立つ棟門の様式で、南北に築垣をめぐらしている。築垣は築地ともいい、板を芯にして泥を塗り、屋根を板葺きにしている。

門前に駐車している牛車は、来客の公家たちの乗用であろう。供待ちの人々がひしめき、籠に入れた鶏を担って売り込もうとしている男もいる。車を降りた立烏帽子狩衣姿の公家が、檜扇を煽ぎながら邸内に向っている。

総門をくぐって邸内に入ると、中門が開かれている。中門は東と西に設けられ、南門を設けることはしない。図は東中門とこれに続く中庭である。ここには主人の牛車を収納する車宿（くるまやどり）や、警護の侍が控える侍廊（さむらいろう）などの建物がある。その中庭には伏せた籠に雄鶏（おんどり）を入れ、出番の合図を待ちながら内部をうかがっている家人たちもいる。来客の公家が進む側を、萎烏帽子（なええぼし）を手にした水干（すいかん）小袴の男があわてて駆け出してくる。無法の闖入者（ちんにゅうしゃ）らしく、棒を持った家人に追い立てられている。

庭から見た貴族邸の外観

東中門は東ノ対に通じる中門廊（ちゅうもんろう）とよぶ板敷の廊下が延びている。中門の扉を開いて寝殿の南庭に入ることができるが、この中門は殿舎への日常の出入りにも使用される。ただし、邸宅に出入り口としての玄関を備えるようになるのは江戸時代以降のことである。

東中門から南庭に入ると御溝水（みかわみず）が流れ、朱塗りの欄干の橋が架かっている。貴族の屋敷は、地形の高低差を利用して池の水を北方から邸内を蛇行させて寝殿の東側を通すのを例とし、遣水（やりみず）と称した。建物の近くを流れる遣水の周りには石組を作り、灌木（かんぼく）が植えられている。こうした廊下に挟まれた部分の庭は壺庭（つぼにわ）とよばれる。壺庭や建物の周りには石を据え、名木を植えるが、いまだ庭の全体を作庭して趣向を凝らし、これを逍遙（しょうよう）して楽しむといったことはほとんどしない。釣殿(つりどの)から池を眺め、舟を浮かべて和歌や管弦の会を催すことはあるが、庭の風景は、もっぱら建物から眺めるものとされていたようである。

邸内を流れる水の曲線に対し、正面から見ると建物は左右相称に直線のように並び連ねて建てられている。もちろん実際には寝殿の棟は東西で、対ノ屋の棟は南北である。

寝殿の前庭は白砂(しらすな)を敷き固める。東西の樹下には五色の幄舎(あくしゃ)が立てられ、家人たちにより闘鶏の準備がなされているが、まずは敷地のほぼ中央に位置している寝殿からみよう。

寝殿は主人の居所であることから主殿(しゅでん)、また南面していることから南殿(なんでん)とも称された最も重要な建物である。寝殿に廊下で続いている対(たい)ノ屋(や)は妻子・家族の住居となる。

寝殿造の多くは入母屋造・檜皮葺で、寝殿は正面三間または五間、側面二間の母屋(もや)を中心とし、その周囲に庇(ひさし)・孫庇(まごびさし)・簀子(すのこ)（縁）をめぐらし、勾欄(こうらん)を有していた。

この貴族邸の寝殿は正面五間で規模が大きい。寝殿と東対ノ屋とをつなぐ廊下は遣水の上を渡る反り橋風で、そうした様式の廊下は透渡殿(すきわたどの)とも呼ばれる。

寝殿の中央に五段の木階があり、正面の階段上の柱を二本立てて突き出させた庇の部分を階隠(はしかくし)といい、階を昇った上段の板敷きを階隠の間という。日常の出入りは中門廊であるが、晴の行事の際などには、この木階から直接寝殿に上がる。招かれた客人の公家たちも、東中門から庭を通り、この木階を昇って寝殿内に入ったはずである。

なお、勅使など公式の訪問の場合は、牛車は中門を通って木階の前にたてられる。また天皇行幸（ぎょうこう）の御輿（みこし）や、貴人の輿などの場合は、乗ったまま階上の板敷きまで担ぎ上げられて下輿（げよ）となる。

階の欄干下に立つ柱の上端につけた宝珠形の装飾は青銅製で、仏教的には擬宝珠（ぎぼし）ともいうが、寝殿造では葱花（そうか）（ねぎぼうず）に似ていることから葱柱・開き柱などといった。葱花はすくすくと伸びるので縁起がよいとされたのである。

階の上、簀子縁に続く屋内は南庇である。南階（なんかい）出入り口の妻戸を開き、東の二間の蔀（しとみ）を吊り上げ、簾（すだれ）を巻き上げている。簀子縁に二人、庇に三人の公家が見える。

この五人のなかで一番身分が高いのは、中央の冠直衣（かんむりのうし）姿の公卿で、他の立烏帽子狩衣姿は殿上人である。冠直衣姿の公卿が招客（しょうきゃく）の主賓で、その左隣がこの家の主人らしい。それは階下の石畳の砌（みぎり）に蹲踞（そんきょ）して控える家人に、何ごとかを指示しているように見えるからである。

西の二間は簾を下したままで、内側に几帳（きちょう）を立て巡らした隙間から女房たちが顔をのぞかせている。その西の一段低い吹放しの透殿廊にも、袿姿（うちきすがた）の二人の女房が庭前を眺めている。

さて庭上では、いよいよ闘鶏（鶏合）の始まりである。南階前方の東側に柳、西方に松を植え、それぞれに控えの雄鶏を繋いでいる。この前方に二羽の雄鶏が向かい合い、後方には介添えの家人が見守っている。

東方は桃、西方は桜の大木の辺りに建てられている五色の幄舎は楽屋である。四隅に柱を立て棟・軒を渡し、周囲に縦矧（布を縦に縫い連ねている）の幔を張り、上には横矧（布を横に縫い連ねている）の幕をかけて臨時の仮小屋としている。東を唐楽、西を高麗楽の座とし、中に楽人が控え、勝者の側が楽を奏し、乱声を発するのである。

なお幔はこうした幄舎のほか、必要に応じて目隠しとして立て置いたり、左右に張って通路としたり、少しずらせて立てて出入り口とするなど、様々に用いられる。また幕は軍陣に張られることが多かった。

寝殿の構造と内部のありさま

次に寝殿造の建物の内部を見よう。図42は『春日権現験記絵』に見える斎宮邸の寝所、そして図43は関白邸の内部である。この二つの場面を中心にして、寝殿造の構造と内部の模様、調度の配置・室礼（舗設）などについて述べる。

図42　斎宮邸の寝所（『春日権現験記絵』）

図42の斎宮邸の寝所は扉を閉じ、蔀を下している。寝殿の出入口は、四隅に設けられた妻戸（つまど）である。妻戸は両開きの板扉で、鴨居と敷居との溝に嵌（は）めて左右に開閉するものは遣り戸（やりど）（引き戸）と称して区別をする。長押（なげし）や鴨居（かもい）と柱との繫ぎ目の釘隠（くぎかく）しには、六枚の葉を六角形に模様化した「六葉（ろくよう）」と呼ばれる飾り金具が付されている。

蔀は邸宅の建具の一つである。格子組の裏に板を張り、日差しや風雨を防ぐ雨戸（あまど）の役割をしている。多くは上下二枚から成り、取り外したり掛けたりする。蔀の間を出入りすることは忌まれたようである。室町時代の故実書によると、蔀は死人を外へ出す際、蔀の上部をおろし、下部を取り外して通す風習があったという。

図41『年中行事絵巻』闘鶏の貴族邸寝殿は、上一枚を金物で吊り上げ、下一枚は取り外しているが、図42の斎宮邸寝殿は上下を閉じて、夜の御格子（みこうし）の有様としている。吹き抜き屋台で描いている二つの寝殿の内部に目を向けよう。寝殿は梁（はり）や柱の構造から、母屋・庇・孫庇等に区分される。母屋は寝殿の主体をなす部分であり、庇は母屋の外側に張り出して付加された部分で、庇の間ともいい、さらに庇の外側に継いで添えた庇を孫庇という。また庇の外側に一段低く設けた板張りの吹き放し部分を広庇（ひろびさし）といい、この外側に簀子縁（すのこえん）がつくのである。

図では建物の全体はわからないが、関白邸および斎宮邸の寝殿は、おそらく正面七間、側面二間ほどの母屋を主に、同規模の庇が連なり、これに孫庇・簀子縁がつくから規模が大きい。

寝殿造の柱は円柱で、床は板敷きである。しかも柱が立つだけで、壁も間仕切りもない。

だから建物のままであったら、ただ広いだけの殺風景な空間であろう。
そこでこのような建物を日常の住居として使うには、様々な室礼の道具や調度が必要であった。すなわち、母屋と庇との境界は簾(す)や壁代(かべしろ)で仕切り、庇と簀子縁との間にも簾を掛ける。そのほか屏風・衝立(ついたて)・几帳(きちょう)などを必要に応じて障屏具(しょうへいぐ)とした。板敷きの一部には畳を敷くが、通常は置畳(おきだたみ)・茵(しとね)・円座(えんざ)などの座具(ざぐ)を用いた。

簾は細く削った竹を編み、平絹・綾・緞子(どんす)などで縁をとったもので、神殿や宮殿などに用いられるので、敬って御簾(みす)とよばれる。縁や懸け際の帽額(もこう)と称する飾り布は、青地に黒の窠文(かもん)（木瓜）などをあしらったものが多い。母屋と庇との境の長押(なげし)に懸けて垂らし、または高く帽額辺りまで内側に巻き上げ、鉤(こ)というかぎ形の金具に赤色の丸緒をもって結び付けるのである。

壁代は母屋と庇との間を隔てるために、長押に釘でとりつけ、簾の内側に垂らす絹・綾などのとばりで、現代のカーテンのようなものである。一間を五幅(はば)として幅中(のなか)に二本ずつ五条の筋をつけるのを例とする。

簾と壁代は固定して取り付けるが、必要に応じ、移動してもちいる障屏具が屏風・衝立・几帳などである。

屏風は人目をさえぎる調度である。桃山時代以降には六扇・八扇の高さ六尺の屏風が流行するが、平安時代の屏風は四尺あるいは五尺の六扇を普通とした。各扇には山水・四季・年中行事などを描いたり、和歌の色紙を貼ったりし、縁に花菱・菊花などの布を張り、枠に環（かん）を打って紐で連結したのである。

衝立は部屋を仕切ったり、目隠しをしたりする家具である。その形には大小あるが、いずれも両面に書や画をほどこした黒塗り枠の襖障子や板障子を、同じ黒塗りの台に差し込んで立てることから衝立障子（ついたてしょうじ）ともいう。

几帳は「几（き）」と呼ばれる骨組みに、布帛の「帳（ちょう）」を取り付けることからの名称である。土居（つちい）という台の上に足という二本の柱を立て、手という横木をわたし、それに帳を掛ける。冬の帳は練絹で朽木（くちき）型の図案文様、夏の帳は生絹（すずし）で涼しげな野篠の文様とし、ともに赤い幅筋（のすじ）を垂らすのが一般的である。几帳の高さは四尺を基準として五幅の帳を掛けるが、別に高さ三尺の小形もあり、これには四尺の帳を掛ける。

図42斎宮邸寝殿の襖ぎわに置かれているのは、美麗几帳（びれいきちょう）と呼ばれるもので、綾の浮織（うきおり）物（もの）に刺繍などを施し、風流に仕立てられている。

図43関白邸寝殿の母屋内に据えられている、帳を垂らしたような四角の置物は帳台（ちょうだい）で

図43　関白邸の寝殿内部（『春日権現験記絵』）

ある。浜床（はまゆか）という黒塗り正方形の台の上に畳を敷き、四隅に六尺余の柱を立て、これに格子の天井を載せ、四方に几帳のような四幅の帳を垂らし、上部に帽額を付して飾りとしたものである。

本来帳台は貴人の寝所または座所とし、御帳台（みちょうだい）ともいうが、のちには寝殿母屋に据える装飾的な調度となり、前には獅子（しし）・狛犬（こまいぬ）の置物を飾るようになっていく。

帳台の内部には厚畳を二枚並べ、その上に茵を敷く。茵は畳を芯に錦で縁を取り、刺繡で草花などの模様を施した正方形の敷物のような座具である。ちなみに綿を布で包んだ座布団の使用は江戸時代以降である。

寝殿造から書院造へ

寝殿造は、平安貴族の儀式の場にふさわしい空間として発達した。ことに藤原氏の全盛時代には、天皇の外戚にあたる摂関家の邸宅は仮御所・里内裏（さとだいり）と称されて、様々な儀式や公式行事が執り行われていた。

しかし平安末期になり、朝廷・公家社会の儀式が衰退しはじめるとともに、寝殿造の儀礼的な空間としての存在意義も薄れていった。そして生活様式の変化とともに、建物の構成自体も崩れていった。

すなわち建物の規模は縮小され、寝殿や対ノ屋も、壁・襖などで区切って個室を作り、廊下であった細殿（ほそどの）（渡殿）でさえ、部屋・座敷として使用するようになっていった。

やがて十五世紀頃からは、寝殿造に代わって主殿造（しゅでんづくり）と呼ばれる建物が流行し、これが書院造（しょいんづくり）として発達していく。主殿造について、かつては武家造ともいわれて鎌倉期頃からの中世住宅とされていたが、最近の学説ではこれを否定し、主殿造も書院造の中に含め、特に初期のものを主殿造といい、武家造の用語は使用しないようである。

主殿造とは、武家の邸宅や寺院の住房（じゅうぼう）の多くが、最も重要な建物とされる主殿を中心に構成されていたことからつけられた名称である。たとえば足利将軍の御所は、寝殿・対面所・常御所(つねのごしょ)・会所(かいしょ)・泉殿・持仏堂(じぶつどう)それに夫人の小御所(こごしょ)などの、それぞれ独立した建物群によって構成されていた。

日本の和風住宅の基礎となる書院造は、室町から安土桃山期にかけて完成された。書院造の邸宅には、かつての寝殿造に見られたような広い庭はなくなり、邸地全体の作庭に趣向を凝らしたものが多くなる。

書院造の建物は、柱は角柱で壁と天井があり、一棟の建物の中にいくつもの部屋がある。外回りの建具には、舞良戸(まいらど)という板張りの表に細かい桟(さん)を横に入れた引き違い戸や、明(あかり)障子(しょうじ)（紙障子）・雨戸などを用い、屋内の間仕切りには杉戸・襖障子などを使用した。室内には畳を敷きつめ、主室には床(とこ)の間(ま)・違棚(ちがいだな)・付(つ)け書院(しょいん)などを配置した。

また茶の湯の流行とともに数奇屋(すきや)や露地(ろじ)の作庭、さらには床の間に掛ける絵画や、その前に置く三具足(みつぐそく)（香炉(こうろ)・燭台(しょくだい)・花瓶(かびん)の三種）、違い棚の書籍・文房具・茶器・立花(りっか)・盆山(ぼんざん)などの室礼(しつらい)、いわゆる書院飾りが発達するなど、さらに洗練されたものとなっていった。

しかし、こうした建築様式の発達は、長い年月を経て自然になされていったもので、寝殿造様式・手法の多くが、後の書院造様式の中にも受け継がれているのである。

ところで、ロケ以外の室内劇の収録は、スタジオ内に組み立てられたセットでおこなわれる。それゆえ、建物の種類や座敷・部屋数には限りがある。史実通りにというのは、もとより無理な注文である。同じ部屋が美術スタッフにより何度も模様替えされ、登場人物が全く異なるシーンがいくつも撮られることになる。

それゆえに考証会議では、ドラマの時代と風俗にあった座敷の模様や調度などについても、記録や絵画資料をもとに検討がなされるのである。

牛車と輿

乗物は上流階級のステータスシンボル

時代劇において乗物は、その時代の雰囲気を醸(かも)し出すものとして重要である。京の都を往来する貴族や、道中を進む武家の行列などは、その乗物を見るだけで、ドラマの時代背景が想像できるであろう。けれども、乗物の時代風俗はけっこう難しい。

現代の乗り物である自動車などは、誰でも好きな車を選んで乗ることができる。お抱え運転手付きというのは特別にしても、経済力さえあれば、外国製の超高級車を乗り回すことだって可能であろう。

けれども歴史の中の乗物は、つねに公家や武家などの上流階級のものであった。しかも身分格式による厳格な規定をともなっていたのである。

往来の乗物といえば、馬・牛車・輿・駕籠などがある。この中の馬については、すでに日本歴史叢書の拙著『中世武家の作法』（吉川弘文館、一九九九年）において、中世の馬・馬具や、馬に関する様々な作法を詳述しているので重複を避け、ここでは牛車と輿を中心に述べよう。

洛中を往来する牛車

平安時代の貴族の乗物は、洛中には牛車を用い、洛外や遠出の外出には輿を使用した。まずは牛車である。

令制における車輿の規定によれば、輿（輦輿）は天皇出行の乗物で、臣下の料は車とされた。また乗物は原則として五位以上の者に限られ、例外として六位の外記・史、諸司の判官以上の輩および公卿の子孫とその家族らに許されるだけであった。

平安時代の日本の人口は二〇〇〇万ほどであろうが、「職員令」や「官位令」から推測すれば、五位以上の貴族の数は約一二〇人前後と思われるから、当時の一般庶民からすれば、京の都を牛車で往来する貴族は別世界の存在、まさに雲上人のように思われたにちがいない。

牛車の大きさは、『延喜式』によると、基台である屋形の箱の長さが八尺、高さ三尺四寸、横幅三尺二寸である。その構造は、大輪と呼ぶ車輪の付いた基台（屋形）の前方左右に長く二本の棒を備えている。これは間に牛を入れる轅でその先端には牛の頸にあてる軛を付している。また屋形の後方に伸びる轅の余を鴟尾とよぶ。この鴟尾は乗車口となり、乗り降りには四脚のついた踏み台の榻を用いる。用材は、輪は樫、軸は槻、轅は樫とするのが普通である。

牛車は後から乗り、前から降りるのが作法である。乗車の際には、すでに牛が軛に取り付けられている。これに乗るには、乗車口である鴟尾の間に榻を置き、屋形の後方に垂れる後簾を上げて乗り込み、屋形の側面を背にして着席する。二人で乗車の場合は、向き合って座る。最多の定員は四人まで乗れる。

そして下車の際には、牛を軛から解き放してから降り立つのである。図44は『平治物語絵詞』信西の巻にみえる、束帯姿の公卿が、八葉車から降りている場面である。牛を解き放った後、地面に下ろした轅の間に四脚の榻を置き、これを踏み台にして降り立っている、なんとも悠長な光景である。なお、榻は駐車の際に轅の軛を置く台としても用いられる。

牛車には、その形状や材質により、屋形の軒格子を弓形に反らした唐車や、窓に庇を

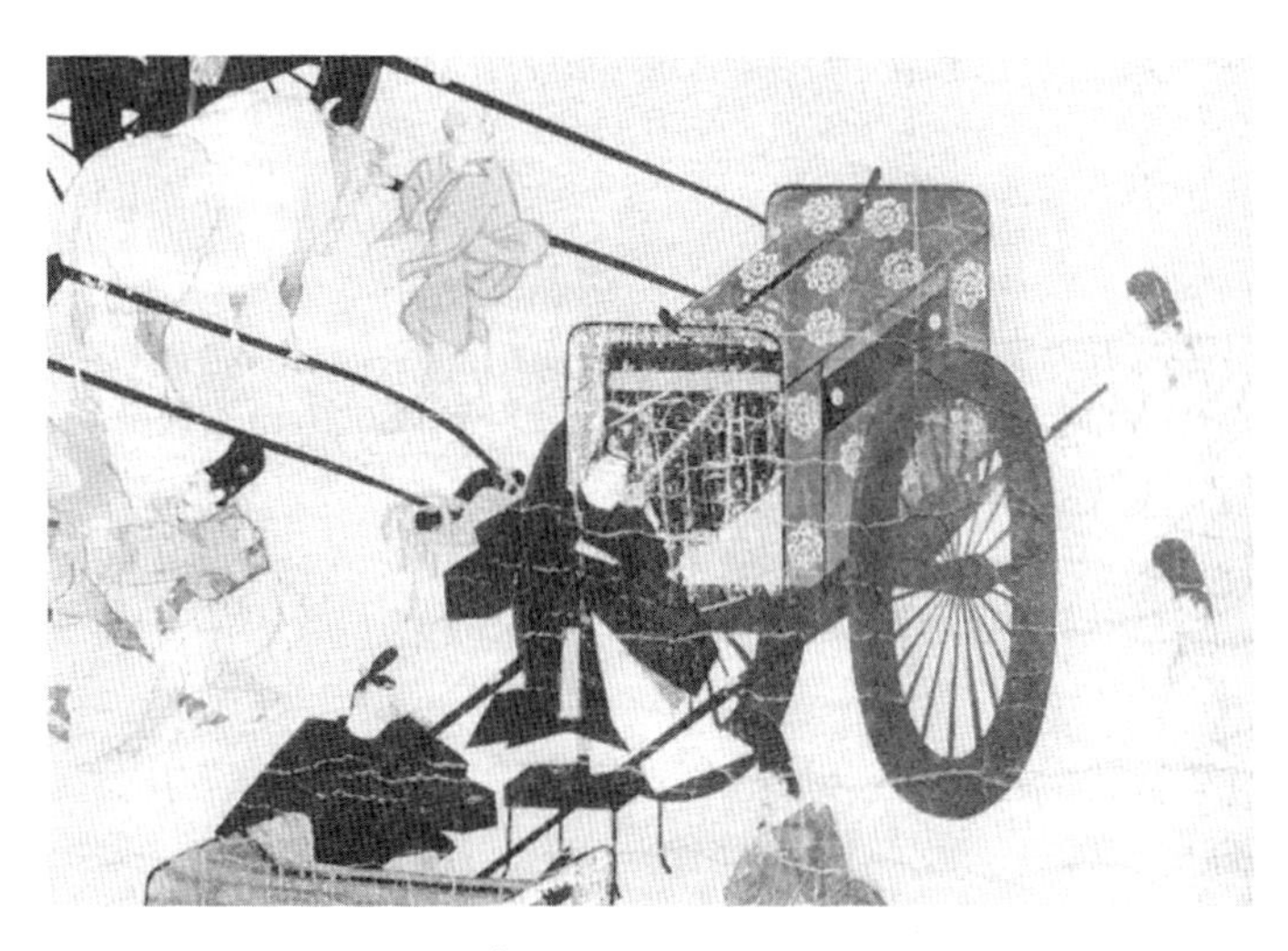

図44　牛車を下り立つ公卿（『平治物語絵詞』重要文化財，信西巻，静嘉堂文庫美術館所蔵）

備えた庇の車、また絹のより糸で覆った糸毛の車、屋形の前後左右に軒先を出した雨眉の車、その他種類は多いが、ここでは一般的でまた絵巻物などにもよく見られる檳榔毛の車・網代車・八葉の車の三種について述べておこう。

　檳榔毛の車は、屋形の全体を檳榔の葉で覆った窓の無い車である。晴の料として大臣・大中納言・参議・三位以上の公卿が用い、上皇や親王も召す。

　檳榔とは、ヤシ科の亜熱帯性の常緑高木で、九州南部・南西諸島に自生し、形はシュロに似ており、葉は円形で大きさは直径一メートルほどもある。葉は現在では沖縄などで笠・団扇などとして用いられている。

網代車は檜や竹を薄く削ったものを縦横に組んだ網代で覆った車で、殿上人の料である。箱の屋形には漆をかけ、青色地に黄をもって家々の印の文様を描いたことから、文の車とも称された。

檳榔毛の車も網代車も、その構造はいわば植物の葉や削ぎ板を網代に編んだ大きな籠に漆をかけたようなものであるから、雨にはいたって弱い。そのため雨天には「油単」という覆いを掛ける。これは布に油を引いて作ったカバーで、雨皮とも称し、供の雑色が担いで持ち運ぶ。

それにしても、四・五位の殿上人の数は多く、儀式の日など宮城門の広場は、公家の乗用車である牛車があふれたことであろう。そこで自分の牛車を見分けるために、屋蓋や袖または表面全体に、様々な特徴のある文様を施して標識とした。こうした牛車に標識を付けることと、平安期における家紋の発生とは密接な関係があるものと考えられている。

なお、朝廷出仕の際の下車は、通常は総門であるが、親王・摂関・大臣などは特恩の勅許を得れば、宮城中門での下車が許される。これを牛車宣旨という。

さて、いまひとつの八葉の車は、網代車の一種であるが、日常である褻の料として上下

図45　水干小袴の牛飼童（『平治物語絵詞』，国宝，六波羅行幸巻，東京国立博物館所蔵）

の間に広く用いられた。全体に八曜の文様を散らしているので八曜の車とも呼ばれた。

八曜の文様には身分により大小の区別があり、大八曜は殿上人以上、小八曜は六位の外記・史・弁官・医師・陰陽師らの料とされた。さらに「物見」と称される窓の規模で「長物見」と「切物見」に区別した。そして窓が片半分の小八葉切物見を、広く公卿・殿上人の料とし、窓が前後の袖に達する長いものを大八葉長物見と称して、大臣以上の格別の様式とした。

図45『平治物語絵詞』の牛車は大八曜で、しかも窓が前後の袖に達する長物見であることから、車を降り立つ束帯姿の公卿は、大臣以上の身分とわかる。

また前節「屋敷がまえと調度」のところで見た、九〇頁図41貴族邸の総門前に三輌並んで立てられているのはいずれも網代車であるが、一番手前が長物見、その向うの二輌は、窓が片半分の切物見である。駐車は門に近い所から官位の順序に並ぶ。だからこの三輌も、門寄りの長物見があの冠(かんむり)直衣(のうし)姿の公卿の牛車で、二輌の切物見は立烏帽子狩衣姿の殿上人のそれと見られる。

平安時代の都大路(みやこおおじ)は、貴族の乗った牛車が行き交(ゆか)い、庶民たちはその行列を遠くから、畏敬と興味の目をもって眺めていたことであろう。牛車の行列は、官位による規定があったから、一見すれば車の主の身分がわかる。それは「車副(くるまぞい)」という、牛車の轅(ながえ)の左右に付き添っている召具(めしぐ)の人数とそのいでたちが異なっていたのである。『物具装束抄(もののぐしょうぞくしょう)』によると、晴儀・略儀の違いはあるが、通常では、

上皇　車副八人　召具は褐冠(かちかむり)
関白・太政大臣　車副六人　召具は布衣(ほうい)（布狩衣）
大臣　車副四人　召具は白張(はくちょう)
大中納言　車副二人　召具は白張
参議・三位　車副一人　召具は白張

その他　　牛飼童（うしかいわらわ）　　召具は水干小袴

といったところである。

召具とは、供として召し連れるという意味で、その供の人数と身形（みなり）格好について規定したというわけである。

上皇の召具の褐冠というのは、狩衣に類似した褐衣（かちえ）と呼ぶ紺色の装束をつけ、細纓（さいえい）緌（おいかけ）の冠を被り、白袴と藁沓（わらぐつ）をはいたものである。

また関白・太政大臣の召具の布衣とは、地下の料である裏無しの布狩衣（ぬのかりぎぬ）をつけ、烏帽子は平礼（ひれ）とよぶ柔らかな萎烏帽子（なええぼし）をかぶり、浅沓を履いている。

それから大臣以下公卿以上の召具の白張は、烏帽子をかぶり、「如木（じょぼく）」と呼ばれる糊張（のりは）りの白布狩衣と、同じ如木の小袴を穿（は）いている。貴族に仕える雑色の所用で、沓持・傘持などもこのいでたちである。

そしてその他の牛飼童は、水干小袴姿の童である。

図46は『年中行事絵巻』関白賀茂詣の行列にみえる、関白その人の牛車である。基台の全体を檳榔の葉で覆った、窓（物見）の無い檳榔毛の車を用い、轅の左右に付き添う車副は六人で、関白の制を示している。轅の左右に付き添う車副の召具は烏帽子布衣をつけ、

図46　檳榔毛車に車副６人の関白（『年中行事絵巻』）

車の脇には水干を着た垂髪の童が、踏み台の榻を持って従っている。

図47も『年中行事絵巻』の、右の関白賀茂詣に供奉した公卿・殿上人の一輛である。これも公卿晴の料である檳榔毛の車であるが、車副が糊を強く張った白布の狩衣をきた、二人の白張であることから、大中納言の制である。

そして図45は、『平治物語絵詞』に見える八葉の車である。基台の全体に大八曜の模様を散らし、窓が前後の袖に達する長物見であることは、大臣以上の料である。

しかしこの牛車は、左右の轅に付き従っている召具が白張ではなく、水干小袴

図47　車副２人の大中納言の檳榔毛車（『年中行事絵巻』）

姿の童となっている。これは車の箱の簾の下から衣を垂らしていることから女車（おんなぐるま）を表している。これを「出衣（いだしぎぬ）」といい、もともとは女房装束の袖や裾を垂らして飾りとした風習が形式化したものである。左右にいる二人の童は、轅を抑えあるいは鞭（むち）を手にしているが、童とはいえじつは髯（ひげ）を蓄えた立派な大童（おおわらわ）である。それは正式な元服が出来ない階層に属していたため、烏帽子をつけることができないのである。

このように、公家社会では、牛車の使用についても身分による様々な規定がなされていたのである。

このほか『蛙抄（かわずしょう）』には、牛を解き離して下車した後の作法についても、牛の面・胸・尻に懸ける鞦を、牛に懸け置くのは大臣以上の者に限り、大納言以下の場合は、轅の先端の軛に纏い付けて置くというのが定めであったことが記されている。

輿の発達

箱型の台に人を乗せ、台の下部に二本の轅を通して肩に担ぎ上げ、または腰の辺りに下げて運行する乗物を輿という。初めはもっぱら天皇・皇后らの乗物として、駕輿丁が肩に担ぎ、これを「輦輿」と称していた。

平安時代になると、牛車の使用と相前後して、輿舁きが轅を腰に副えて運ぶ乗物を「輿」と称し、これに乗ることが貴族の間に流行していった。

当初には、牛車は主として洛中の通行に用いられ、輿は洛外・遠出の出行などに使用されていた。それが平安末から鎌倉時代になると、牛車は特別の行事などの際に使用する晴の乗物となり、日常には輿を用いることが一般的となっていった。

そうした牛車から輿の利用へという流れは、公家勢力の衰退という背景もあろうが、むしろ牛車の運行には不向きな、日本の道路交通事情によるところが大きかったのかもしれない。

世界史的にみると、日本は轍つまり車輪の発達が遅れていたといえる。すなわち、紀元前一四〇〇年代の中国・殷の遺跡からは、最も古いとされる戦車が出土している。

また紀元前一二〇〇年前後の頃、南ロシア平原辺りからインドに侵入したアーリア人も、鉄製の武器と二人乗りの戦車を活用してガンジスを制圧した。さらにギリシャでも、紀元前九世紀頃のホメロス時代の英雄たちは、御者と共に駆る二頭立ての戦車に乗っていたし、紀元前三世紀頃の、ローマ軍重装歩兵隊の移動も戦車でなされた。そして同じ頃、秦の始皇帝の軍隊も、馬の牽く戦車を主力としていた。

けれども、この間における日本での戦車の使用は認められない。弥生時代はもとより、古墳時代の遺跡からも、車輪の痕跡は出土していないのである。それはやはり、山川や森林地帯が多い日本の国土が、轍の発達を阻んでいたのであろう。そして車の乗用は、平城京のような都城が出現し、宮城門に通ずる街路の整備がなされるに至って、初めて車が乗用として使用される条件が整えられたというわけである。

そして平安遷都により、範を唐の長安城にとったといわれる平安京の、律令制的な宮都の出現とともに、牛車の乗用がはじまった。ことに宮城門を中心に、左右対称的で道幅の広い、しかも碁盤目のように直線的な都大路は、貴族たちの牛車の通行に適していた。

けれども、やはり牛車は真っ直ぐに整備されていた洛中の乗物であった。洛外に出れば、山坂や細く曲がりくねった悪路が牛車の行く手を阻む。そのため牛車に替わって輿の使用が流行していった。

もともと腰輿（たごしとも読む）の起源は、牛車の通行の不便に際し、その車箱を取り外したことにはじまり、後にこれと同様のものを小形に作り、轅を添えて挙げ行くようになったと考えられる。

それゆえに平安末期頃には貴族たちも、簡易で運行にも便利な輿を好むようになり、さらに鎌倉期ともなれば、牛車は特別な行事の時などに、上皇や摂関・大臣・親王・門跡などが乗用する特殊な乗物となり、その他の公卿・殿上人たちの間では、輿が常用となっていった。なお、天皇の乗物は輦に限られ、牛車や輿に乗ることはなかった。

天皇の輦は方形で、屋蓋の中央に金銅の鳳凰を据えた鳳輦を正式の行幸の乗物とし、葱花（ネギの花）の飾りを据えた葱花輦を略儀の料とした。この中の葱花輦は皇后の行啓にも使用される。輦は駕輿丁一二人が轅を肩に担ぎ、さらに運行の際に揺れないように、屋蓋の軒先に垂らした四本の緋綱を前三人、後二人の駕輿丁が奉持して進んだのである。

さて、こうした公家社会における輿の普及とともに、牛車のそれと同じように、輿の種類や様式にも、身分の上下による規定がなされるようになっていった。

図48　四方輿（『春日権現験記絵』）

輿には牛車に類似した屋形を有するもののほか、樹木の繁茂した山路などで使用する蓋(おお)いのない、床だけの板輿(いたごし)などと称される特殊なものもあるが、ここでは特に『春日権現験記絵』に見える四方輿(しほうごし)と袖輿(そでごし)について述べよう。

図48は、四方輿と呼ばれる格式の高い輿で、上皇・摂関・大臣以下公卿・門跡などの料とされた。柱の間を取り払い、四方に簾(すだれ)を垂らしたもので、遠出の際などには、いかにも眺望のよい輿である。

輿を担ぐ力者は、前後各三人の六人を一手(いって)（一組）とするのが定めである。そして三人の内、中央は轅に結んだ白布を頸(くび)に懸け、左右は轅に手をそえ持っている。力者(りきしゃ)は白装束で剃髪しているが、僧侶ではない。公家・寺社などに仕え、もっぱら出行の際に、馬の口取りや駕輿を担ぐ力役にあたり、力者法師(りきしゃほうし)とも呼ばれ

図49　切物見袖輿（1）（『春日権現験記絵』）

図50　切物見袖輿（2）（『春日権現験記絵』）

ていたのである。

牛車と同じように、輿にも窓が前後の袖に達する長物見（ながものみ）と、片半分の切物見（きりものみ）とがある。図49は、窓を切物見とし、両側の立板に袖を配していることから、切物見袖輿（そでごし）と呼ぶ様式である。力者法師は後方に控え、お供により前簾が上げられ、赤子を抱いた女性が輿を降りようとしているところである。輿の乗り降りは前方のみに限られていた。図の輿は屋蓋の棟木を中心に軒先を反らせて格子を組み、袖には文様を施した塗輿である。警護の侍が折烏帽子直垂姿で供奉しており、女性は公家の婦人と思われる。

図50は、切妻屋根の板製の輿であるが、片半分の窓と袖を備えているから、これも切物見袖輿である。力者は法師ではなく、折烏帽子をかぶり、小袖袴に脚絆をつけている。殿上人以下や武家などの輿に見られる一般的なものである。六人の力者の内、前の一人は、轅を離れて草鞋の紐を結びなおしているようである。

武家社会における牛車と輿

令制における車輿の規定では、乗物は原則として五位以上の者に限られていた。したがって、五位以上の身分の者が少なかった鎌倉期の武家社会においては、車すなわち牛車に乗ることが出来たのは、将軍とその家族、および執権北条氏一門など少数に限られていた。

鎌倉将軍の頼朝は、当初は徒歩または騎馬による出行を常としていた。しかしやがて官位の昇進とともに牛車を用いるようになる。

建久元年（一一九〇）に上洛すると、右大将拝賀および直衣始の参内・参院には、後白河院から賜わった檳榔毛車や半蔀車を使用し、権大納言・従二位の官位相当の車副二人に、近衛の武官を従えた公家式正の行装を整えた。そして帰国に際しては、当時所有していた三輛の内の二輛を鎌倉へ運搬させている。檳榔毛車は全体を檳榔の葉で覆った物見のない公卿以上の晴の料で、半蔀車は蔀の懸け戸による物見窓を持つ車である。

また建久六年の上洛の際には、参内・参院はもとより、石清水・左女牛（若宮）社参や南都下向にも牛車を用い、同行していた御台政子や若君頼家らも、公卿の家にならって牛車を用いたのであった。

この後、『吾妻鏡』には将軍およびその家族らの牛車使用の記述が多く見られるようになる。実朝は式正の鶴岡八幡宮参詣には牛車を用いることを例とし、尼御台政子や実朝夫人らも、牛車を連ねて鶴岡に参詣することが多かった。

親王将軍宗尊以降にも、鶴岡参詣のような束帯着用による式正儀礼に牛車で臨むことは慣例どおりであるが、通常の出行には輿を用いることが多くなり、これとともに騎馬による外出の記事が少なくなっていく。

この輿とは、いうまでもなく腰輿である。輿は本来公家では洛外・遠出の出行に使用するものであったが、鎌倉期以降、主として武家を中心に用いられ、やがて漸次公家の間にも広まっていった。

鎌倉将軍家が輿を使用するようになったのは、むろん牛車が入手し難かったことも考えられるが、山野が多く道路の便も悪かった関東の自然環境によるところが大きかったであろう。鎌倉中期以降にあっては、将軍通常の出行はほとんど輿によっておこなわれ、牛車は儀礼的な式正の場合のみに用いられていたようである。

続く室町期は、武家の身分・社会的地位が向上し、五位以上の官位を有する武家衆が多くなり、いわゆる三管領家（さんかんれいけ）をはじめ、有力守護大名の中には四位に列する者も少なくなかった。だが、彼ら上級武家衆の乗物は輿に限られ、室町期における牛車の使用は、足利将軍家のみに許されていたらしい。

管領や評定（ひょうじょう）衆らが輿を許されていたことは、すでに義満期から見られるが、さらに義政の頃になると、乗輿に関する一定のきまりや故実（こじつ）までもが成立していたことがうかがわれる。伊勢貞頼の『宗五大草紙』によれば、輿の使用は三職（さんしき）（斯波・細川・畠山の三管領家）と御相伴衆（おしょうばんしゅう）（山名・一色・京極・赤松・能登の畠山・阿波の細川・大内の家督）のほか、特に「乗輿御免（じょうよごめん）」を得た者のみが使用することが出来た。

足利将軍の出行は、尊氏（たかうじ）・義詮（よしあきら）の頃は、公家式正の儀礼に際しては公家の制に従って牛車による行装を整え、通常の出行は騎馬または輿によってなされていた。しかし義満以降には、まさに武家の貴族化を物語るかのように、乗車の風がさかんになっていった。むろん洛外・遠出には輿が用いられたが、洛中においては、式正の場合のみならず、通常の出行にも牛車が用いられることが多くなった。

そして将軍出行の際は、牛車の場合も輿の場合も、ともに摂関家や諸門跡寺院から、牛飼・車副あるいは輿舁きの力者ともども借り用いるのが例となっていたらしい。むろん管領・大名ら武家衆の場合は、その被官が力者をつとめていたのであろう。

しかし牛車の使用は、応仁の乱後、義材将軍の頃から廃れた。そして将軍出行には式正儀礼の際にも輿が用いられるようになった。この頃には公家の乗車も廃れ、大臣・公卿でさえ、もっぱら輿を使用し、牛車そのものが消滅していったのである。

牛車が廃れた戦国期には、輿はそれこそ公武社会における上位身分階層の乗物となった。それとともに、かつての牛車の制のそれに倣った種々の規定や故実が形成された。そしてさらに義晴の天文期（一五三二〜五五）頃になると、乗輿が幕府の栄典授与の一種として、地方の新興武家に対しても御免が与えられるようになっていった。

なお、その後牛車が復活されるのは、天正十六年（一五八八）の聚楽第行幸の時であった。以来秀吉はこの新調の牛車を、参内や御成の際にしばしば用いるようになった。この期における牛車の所有は、太閤秀吉のみであったらしい。

けれども、秀吉により復活された牛車は、古来の法量（規格）ではなく、いわゆる御所車と呼ばれるもので、五級の桟（梯子）で乗車し、二頭または三頭の牛をもって牽引するという巨大な乗物となっていたのである。

さらに、徳川家康が将軍となると、参内に際して牛車を用いたが、それは秀吉が使用したのと同様の巨大な法量のものであった。

そして公家社会においても、乗車の風習が復活されることはなかったのである。寛永三年（一六二六）九月の二条城行幸に東福門院が牛車で行列に加わったことは認められるが、これは行幸という晴儀における例外であった。

いっぽう、室町幕府に行われていた乗輿御免の制は、やはり太閤秀吉晩年の文禄期（一五九二〜九六）に、大老らに与えた乗物御免として登場する。ただこの乗物は、かつての輿とは形状をいささか異にし、後世のいわゆる駕籠のように、輿の二本の轅を取り去って、屋根の棟に長棒という一本の轅をつけ、前後より肩に担ぐものとなった。これは輿を簡略にしたものであるが、この形式のものは、応仁の乱頃から、竹で編んだ籠の屋根に棒を通し、前後で肩に担いで病人・罪人を載せた、編板と呼ばれる運搬用具を改良したものらしい。後世では、その出入り口を引戸とした高級なものを乗物といい、下級のものを駕籠と称した。

そして慶長二十年（一六一五）には、江戸幕府はかつての室町幕府の乗輿の制に倣い、乗物を用いる資格について定め、大名およびその一門のほか御免なくしてこれに乗ることを禁じたのである。

江戸時代では、大名の権門駕籠や、旗本・上級武士の御留守居駕籠などは、漆蒔絵を施した豊臣期以来の乗物の様式である。また武士以外でも医者・神主、その他庄屋・名主なども、裃を着用する特別な場合には、引戸に茣蓙を張った法仙寺駕籠の使用を許された。

そしてこれとは別に、江戸市中や京坂などの庶民に用いられた、引戸を備えずに屋蓋から懸け垂らした茣蓙口から乗り降りする形式の四つ路籠・辻駕籠や、道中に使用された宿駕籠などがあり、これは規制外であった。

なお、江戸時代では、駕籠を担ぐ人足を六尺・陸尺といい、権門駕籠の人足は前後に二人ずつの四人、留守居駕籠は四人から三人、その他の駕籠は二人とし、駕籠屋の駕籠舁き人足も二人であった。

時代劇の乗物

時代劇での牛車の登場はあまり多くないようである。私が関与した大河ドラマでも、牛車の場面は『花の乱』で将軍足利義政の乗車と、『毛利元就』で貴族化した大内義隆（よしたか）が、山口において牛車に乗ったことぐらいしか記憶にない。

これに対して輿は、これまでのほとんどのドラマに登場している。考証会議でも輿や駕籠乗物の種類・様式についても検討し、六人の力者が轅を腰で担ぐ輿から、一本轅を四人で肩に担ぐ駕籠乗物への移行の時期について、私は天正末年と文禄の初めとの境あたりを、一応の画期とすることを主張してきた。

そしてドラマでも、信長の妹お市の浅井長政への輿入れなどの場面は腰輿（ようよ）（たごし）を用い、豊臣政権の大老や桃山期の大名婦人には駕籠乗物としている。そして『葵・徳川三代』では、太閤秀吉の死後、大坂城を出る北政所（きたのまんどころ）の駕籠乗物には、侍女が朱傘を差しかける女乗物の故実が取り入れられている。

二〇〇五年の『義経』は、平安末期を時代背景とするため、牛車を登場させなければならない。しかし牛車の調達は容易ではなく、美術スタッフも頭を悩ませている。なにしろ借りられる牛車は、その種類も数も少ないのである。もとより上皇や関白太政大臣の料である唐庇(からびさし)の車や檳榔毛(びろうげ)の車などはない。それゆえに、調達可能な網代(あじろ)車や八葉(はちよう)の車などの同じ牛車を、所と人を変えて何度にもわたって使用せざるをえないのである。

しかし制作スタッフたちも、身分による供の行列の装束や、車副の人数などについては、平安公家社会の慣例からできるだけ外れないようにとつとめている。

たとえば、太政大臣平清盛の牛車の車副は六人、大納言平重盛のそれは二人、平時子の牛車には二人の牛飼童とすることにした。その時、後白河上皇の車副とする褐冠八人の装束が揃わないので、人数を半分に減らしてもよいかとの質問に対し、それはまずいので衣装が揃う白張八人にしてはと答えた。せめて車副の人数くらいは、上皇の制の八人としたかったのである。

合戦の雄叫び

戦陣にのぞむ武将のいでたち

合戦・戦闘シーンの制作

時代劇ファンの大きな興味の一つは、スリルとスペクタクルにあふれた合戦・戦闘シーンであろう。剣客による息を呑むような立ち回りも面白いが、活劇の醍醐味は、やはり多数の甲冑武者や馬が登場する壮大な合戦場面ではないだろうか。

けれども合戦物は制作に金がかかる。平成二年（一九九〇）に上映された角川映画『天と地と』は、五〇億円もの制作費をかけたという。上杉謙信の春日山城のセットを、兵庫県和田山町の竹田城址に復元し、川中島で激突する上杉軍と武田軍の甲冑を外国人にもわかりやすいようにと、黒と赤に分けて新調した。そしてカナダのロケでは、エキストラ三〇〇〇人、馬一〇〇〇頭を集めたという大がかりなものであった。
大河ドラマ『葵・徳川三代』も、一年間四九回の内、初回から一三回まで関ヶ原合戦を扱ったが、合戦シーンのために、予算の約半分を使ってしまったということである。合戦物は、それほどに費用がかかるのである。

武装や戦闘場面の考証は、軍記物語や弓馬軍陣の作法について記した武家故実書を参考とし、これに合戦絵巻や武将の肖像画などの絵画史料を合わせて呈示し、まるで研究会のような議論をも交わしながら進められる。武器・武具の様式や合戦の模様は、鎌倉・室町・戦国・安土桃山期といった時代により、かなり変化があったからである。

合戦場面の考証も、史実にこだわったら問題も多い。たとえば、日本の在来種の馬は、信州（長野県）の木曾駒のように小型であったが、明治以降の馬は、欧米から輸入したトロッター種、サラブレッド種などを改良した大型なものが主流である。この馬に、馬草鞋ではなく西洋式の蹄鉄を打つのはやむをえないとしても、日本式の馬のたて髪は、西洋式のように長くはない。すなわち、髪鋏で五〜六センチほどに刈り揃え、厩舎ではたて髪の乱れを防ぐために、結髪と称して、小紐で点々と結んでおき、正式には櫛で整えて野髪に仕立てるのである。私はかねてより、ドラマに登場する馬のたて髪を短く刈り込み、中世武士の乗った馬を再現したいと思っているが、実現は無理らしい。

ＮＨＫの美術スタッフには甲冑や武器に詳しい人が何人もいるようである。そこで大河ドラマでは『草燃える』『太平記』、そして『北条時宗』のような鎌倉から南北朝・室町期を扱ったものと、『信長』『秀吉』『毛利元就』『葵・徳川三代』のような戦国・安土桃山期を時代背景とする作品とでは、使用する武器や武具の様式を大きく変えている。

二〇〇五年の『義経』は、私にとっても初めての源平合戦の時代である。毎週送られて来るドラマの台本に合わせ、『吾妻鏡』『平家物語』等の文献や、『伴大納言絵詞』『平治物語絵詞』『春日権現験記絵』をはじめとする絵画史料に目を通し、源平武将の世界を頭に描きながら、考証会議に臨むのである。

源平武将の武者ぶり

たがいに殺しあう残虐な戦争に変りはないのに、源平の戦いというと、なぜか美しきロマンの世界のようなものを感じさせられる。それは『平家物語』『源平盛衰記』『保元物語』『平治物語』などの軍記物語の描く戦場が、いかにも勇壮華麗なものであるからかもしれない。

軍記物語の多くが、平家琵琶などに合わせて語られた、いわゆる語り物であるだけに、人物や合戦の描写には文学的な修飾が加えられており、聞く者をして感動させる要素にあふれている。なかでも合戦にのぞむ武将の装いなどは、それを読んだり聞いたりするだけで、登場人物の好みや人柄・性格さえもが想像できるようだ。こころみに、そのいくつかを紹介しよう。

まず、寿永三年（一一八四）正月、義経・範頼の大軍に敗れ、近江（滋賀県）の粟津で自害して果てた木曾義仲の、最期の場面のいでたちについて、『平家物語』は次のように記している。

木曾左馬頭、其の日の装束には、赤地の錦の直垂に、唐綾おどしの鎧きて、鍬形うったる兜の緒しめ、いか物づくりの大太刀はき、石うちの矢の其の日のいくさにて少々のこりたるを、かしらだかに負いなし、滋籐の弓もちて、きこゆる木曾の鬼葦毛という馬の、きわめてふとうたくましいに、黄覆輪の鞍置いてぞのったりける。

とある。

また、一ノ谷の合戦で討死した平敦盛の最期についても、同じく『平家物語』はこう記している。

ねりぬきに鶴ぬうたる直垂に、萌黄の匂の鎧きて、鍬形うったる兜の緒しめ、こがねづくりの太刀をはき、きりふの矢おい、滋籐の弓もって、連銭葦毛なる馬に、黄覆輪の鞍置いてのったる武者一騎。

というのである。

あまりにも美しいいでたちであるだけに、熊谷直実（くまがいなおざね）に討ち取られた平家の若武者の最期（さいご）が、とりわけ悲壮なものに感じられる。

軍記物語に描かれる武者ぶりは、美しく勇ましく、文学的だ。しかし、武闘を専業とし、合戦に命を賭ける武者にとって、戦場はいわば晴の場ともいえる。この晴の場にいどむ源平武将のいでたちや、当時の武器・武具についてながめてみよう。

右の義仲と敦盛の最期、この二つの記述に共通点がある。それは、まず直垂（ひたたれ）を記し、ついで鎧・兜・太刀・矢・弓・馬・鞍といった順序で書かれていることである。これは軍記物語に共通した書き方なのである。

出陣の晴れ着・鎧直垂

さて、「其の日の装束」として、軍記物語できまって最初にあげるのは、鎧下に着る直垂の色である。

身分の上下がやかましかった平安時代は、位階・官職によって、服装にもきびしいきまりがあった。社会的地位の低かった当時の武士は、あらたまった際には水干（すいかん）をつけるが、直垂が平常服であった。

元来、武装には公家の服制のようなきまりもなかったから、衛府の官人は別として、一般の武士は、直垂の上に鎧をつけていた。が、武闘に生命を賭ける武士たちは、やがて鎧や兜と同様、戦場における晴れ着として、直垂にも意匠を凝らすようになっていった。すなわち、平常の直垂よりも袖を細めにし、胴着と袖を留める綴も、その数を増やして装飾的な菊綴にした。活動と丈夫さに対する工夫のほか、美的感覚にも心をくだいたものである。布地も、文綾や紗・練絹・練貫、好みに染めた麻などを、季節に合わせて選び、ときに刺繡を施したりしたのである。

義仲の「赤地の錦」は、赤の錦地であり、敦盛の「ねりぬきに鶴ぬうたる直垂」は、生糸を縦糸に、練り糸を横糸にして織った練貫の布地に、鶴の刺繡が施してあったのだろう。

なお、鎌倉幕府の成立後、武士の柳営出仕の際の制服が定められ、袖口が広くゆったりとした儀礼向きの服装を直垂と称するようになると、鎧下にきる軽快な仕立てのそれを、鎧直垂と呼んで区別をするようになる。

鎧と兜

この直垂の上に鎧兜をつけるのであるが、その着用の前に、源平時代の鎧兜について述べておこう。

図51のように、鎧の構造は、胴と上腿部を覆う草摺からなる。胴は前・左脇・後を連綴

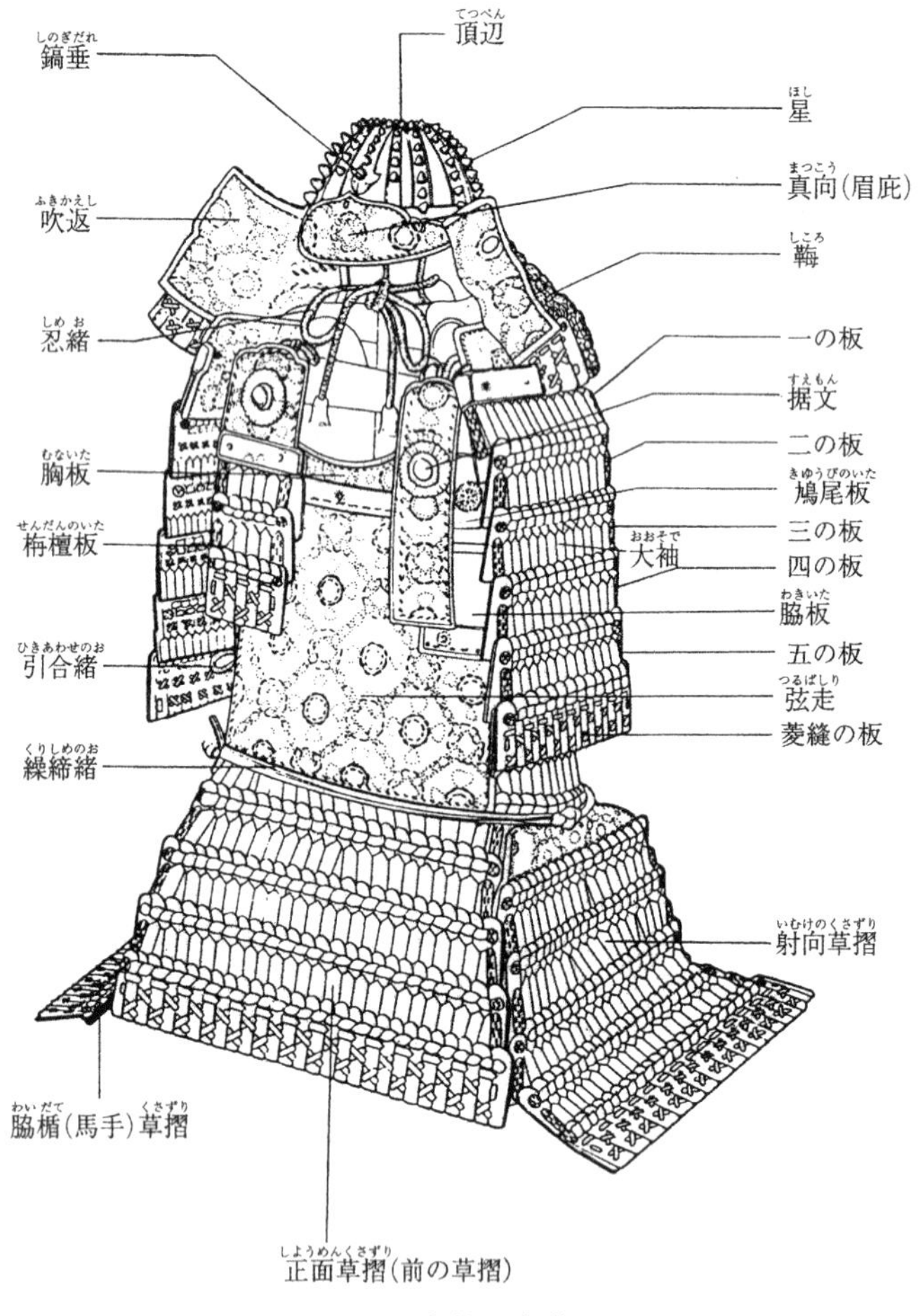
鏑垂
頂辺
星
吹返
真向(眉庇)
鞠
忍緒
一の板
据文
胸板
二の板
鳩尾板
栴檀板
三の板
大袖
四の板
脇板
引合緒
五の板
弦走
菱縫の板
繰締緒
射向草摺
脇楯(馬手)草摺
正面草摺(前の草摺)

図51　大鎧の名称

して本体とし、右脇は別個に脇盾(わいだて)をつけて間を塞(ふさ)ぐ様式となり、その胴の前・左・後と右の脇盾の下部に草摺が付属しているのである。草摺は、現在の剣道の防具でいえば、垂(たれ)といわれる部分に相当するが、鎧では前後左右四枚の草摺が腰の周囲をすっぽりと覆い、馬上に腰をおろすと、腰から下の脛当(すねあて)までの間を防御できるようになっている。

馬上で矢を射たり、太刀を振るったりするには、活動的で、伸縮自在の構造でなければならない。この点を考慮して、鎧は札(さね)とよぶ牛革または鉄の細長い小板を横に並列して、革や布の緒で横縫いに威(おど)し（綴(つづ)ること）連ねている。そして胴の正面は弓弦(ゆんづる)が札に引っかからないように、滑りを良くして弦走(つるばしり)という革を一面にかぶせる。

草摺や袖の威(おどし)には、華麗な威が用いられた。これが綾(あや)威とか、小桜(こざくら)威とか、緋糸(ひいと)威、黒糸威などといわれるもので、威に使用している材料や色などからいう表現である。木曾義仲の「唐綾おどし」は、唐綾で威し綴った鎧であり、敦盛の「萌黄の匂の鎧」というのは、黄と青との中間の薄緑色の糸で、しかも下が濃く、上の方へ行くにしたがって、その色が薄くなるような匂(におい)に仕立てられて威されている鎧である。

兜の構造は、頭部を防ぐ鉢(はち)と、頸(くび)まわりを保護する錣(しころ)からなる。鉢は裾広の鉄板をはぎ合わせて、鋲(びょう)を打って留めたものが多く、天辺に髻(まげ)と烏帽子の先を出すための穴があいている。頸の周囲を覆う鞆の段数から、三枚兜とか五枚兜と呼ぶ。鉢の正面を真向(まっこう)といい、額の部分に鉄板を革で包んだ庇(ひさし)をつけ、眉庇(まびさし)と呼んだ。ここには武将の好みによる立物(たてもの)をつけたが、源平から鎌倉期にかけては、鍬形(くわがた)が流行した。

そこで、この鎧兜のつけ方である。ここでは南北朝期の武将今川了俊(りょうしゅん)が書いた『了俊大草紙』に「武家奉公の人意得(こころえ)るべき事」として記す、主人に御物具(おんもののぐ)(甲冑)をつけさせる際の作法を紹介する。そこには「一番になし打烏帽子、二番に御鎧直垂、三番に御脛巾(はばき)御くくり、次に御小手、次御鉢巻、次御脇盾(わいだて)、次御鎧、御刀、次に御太刀、次に御征矢(そや)、次に御　貫(つらぬき)を召さするなり」とある。

すなわち、まず頭に梨打烏帽子(なしうちえぼし)をかぶせる。おそらく主人は肌着の白帷子(しろかたびら)と下袴の姿であろう。次に鎧直垂をきせ、袴の裾を脛巾(はばき)で括(くく)り、その上に脛当(すねあて)をつける。次に小手(こて)(籠手)を左につけ、鉢巻(はちまき)をした上で、右脇に脇盾(わいだて)をつける。

この鎧直垂・脛当・籠手をつけ、右脇に脇盾をつけたいでたちを小具足姿(こぐそくすがた)という。図52は、『蒙古(もうこ)襲来絵詞』に見える河野八郎の小具足姿で、合戦の合間、陣中にいる時もこの姿である。河野八郎は梨打烏帽子をかぶり、鎧下には直垂上下(かみしも)をつけ、脛当をつけて貫(つらぬき)の沓(くつ)を履(は)き、左腕にのみ籠手をさし、右脇に脇盾をつけ、軍扇(ぐんせん)を手にして縁に座している。

ちなみに、このように烏帽子の上に鉢巻をした姿は、『平治物語絵詞』には検出されず、『蒙古襲来絵詞』に見えることからすれば、軍陣における鉢巻の風習は、鎌倉中期以降と思われる。

そして、いざ出陣となれば、この小具足姿の上に、あらかじめ胸の左右に栴檀の板と鳩尾の板、両肩に袖を取り付けてある鎧をまとって上帯を締め、腰刀を帯び、太刀を佩き、征矢を盛った箙を負い、貫の沓を履くのである。『了俊大草紙』には兜と弓がみえないが、主人がこれを取るのは、まさに敵を近くにした時であろう。

図52　小具足姿（『蒙古襲来絵詞』，宮内庁三の丸尚蔵館所蔵）

平安の後期から鎌倉期にかけて、名のある騎馬武者たちが用いた鎧は、歩兵の使用する腹巻や胴丸などと比較して、はるかに大型であることから大鎧と呼ばれ、また後代の具足などに較べて構造が完備しているので、式正の鎧などとも称された。

大鎧の形式は、平安初期の弘仁年間（八一〇〜八二四）頃には大体出来上がっていたようである。奈良時代には、古墳時代の武人埴輪に見られるような短甲・挂甲のほかに、新たに「綿甲冑」と称する毘沙門天や十二神将が身につけているような唐様式の甲冑が渡来したが、それぞれの機能の有利な面をとって合成したものが、この平安初期に出現した大鎧の原型と考えられている。そしてこれがさらに十世紀以降における騎馬戦の流行とともに改良が加えられ、十二世紀の頃に完成されるのである。

ただ、馬上戦での軽快性に重きがおかれた大鎧には、鉄砲に対する堅牢さに工夫をこらした戦国期の具足とちがって、弱点も少なくなかった。

『平家物語』には、一ノ谷合戦の突撃の最中、熊谷直実が一六歳のわが子直家に「つねによろい突きせよ、うらかかすな。しころをかたぶけよ。内かぶと射さすな」と教訓している。鎧突きとは、鎧を絶えず揺すり上げて、札の隙間をつくらないようにすることである。また内兜射さすなとは、顎を引いて兜の錣を傾け、顔面を射られないようにするが、あまり頭を低く下げすぎると、兜の鉢の天辺の穴を射られるぞと注意をしているのである。源平期の兜は、梨打烏帽子を髻とともに天辺から引き出して被るため、天辺の穴が大きい。

それゆえ、頭を下げすぎると、その穴を射られてしまうというのである。

『平家物語』や『保元物語』『平治物語』などの軍記物語には、源氏の重代として、薄金・膝丸・月数・日数・盾無・源太が産衣・沢瀉・八龍などと名付けられた八領の甲冑がみえる。ことに『保元物語』では、八幡太郎義家着用という源太が産衣と膝丸は、源氏の嫡々に伝えられるものであると記している。

源平時代の名鎧として今日に伝存しているものとしては、伝源為朝所用の小桜韋黄返威鎧（広島県厳島神社）、伝平重盛所用の紺糸威鎧（同）、伝河野通信所用の紺糸威鎧（愛媛県大山祇神社）、伝畠山重忠所用の赤糸威鎧（東京都御嶽神社）などが有名である。

太刀

刃の長さが二尺（約六〇センチ）以上のもので、帯で腰に横たえて下げ佩くものを太刀という。

日本の古代の刀は、相手を突くことを主とした反りのない直刀で、しかも先が鋭く尖った両刃の剣が多かったが、馬上戦がさかんになる平安後期頃から、反りの深い太刀が現れてくる。直刀は馬上で振るうには衝撃の際の抵抗が大きすぎるし、馬の加速を利用して斬るには反りの深いほうがより効果的である。

しかし騎馬戦では、後世の徒歩戦とちがって、剣技をつくして斬り結ぶことなどはできない。甲冑に身を固めて騎馬で馳せ向ってくる敵を、一瞬に切り倒すことなどは不可能である。このため馬上戦では弓矢を主力とし、太刀は補助的な存在であった。とはいえ、矢尽きれば太刀に頼るのが当然であるし、また護身の武器として常に身につけているものであったから、刀身ばかりでなく、柄や鞘の拵えにも意匠を凝らした。

太刀には、儀仗と兵仗の二種類がある。儀仗の太刀は文字通り儀式に用いるもので、螺鈿や梨子地の蒔絵を施し、金銀の彫金・宝石などをちりばめて華麗に装飾したもので、実用的ではない。

武士が戦場で用いるのは、いうまでもなく兵仗の太刀である。これも衛府の武官は衛府太刀といわれる目貫に毛抜き形の金物を打ち、鞘には尻鞘（しざや・しんざや）とよぶ毛皮の袋をかぶせるのを例とした。これに対して、一般武士の使用するものは野太刀と称されるものである。

野太刀といっても粗野なものではない。拵えには堅固さと装飾性を兼ねた精妙な細工が施されていた。柄・鞘を革や糸で巻いたもののほか、全体を鍍金や銀の薄金で螺旋状にして、あたかも蛭が巻いているように仕上げた蛭巻太刀、籐で巻きかためた籐巻太刀などもあった。

木曾義仲の「いか物づくり」の太刀とは、柄・鞘を金銀の薄金で包んだ上、さらに厳めしく文様を彫り込んだ厳物作りである。そして敦盛の「こがねづくり」は、鍍金の板で包んだ黄金一色の黄金作りの太刀であった。

みごとな太刀は尊重され、家の宝として子孫に伝えられた。これが軍記物語に見える重代相伝の太刀である。平氏重代の太刀小烏丸は大和天国の作であり、桓武天皇が大神宮の剣使として飛来した烏から授けられたとか、平貞盛が平将門を討伐した際、七人に身を変じて区別のつかない将門を、兜に烏のとまったひとりをそれと目ざして、この太刀をもって斬りつけたところ、はたして将門であったとかいったいわくがついている。

また抜丸は清盛の父忠盛が、六波羅の屋敷で昼寝をしていた折、池から大蛇が這い上がって忠盛を呑もうとした。その時、枕元に立て掛けてあった太刀が鞘からするりと抜けて、大蛇の首を切ったので、抜丸と名づけられたという。

源氏の宝刀は鬼切といい、その昔、源頼光が大江山の酒呑童子を斬ったので、鬼切と名づけられた伯耆安綱作の太刀である。頼光が大神宮参詣の折、夢で「この太刀を子孫代々の家嫡に伝え、天下の守りとせよ」とのお告げを得て以来、源氏重代に伝えられた宝刀であるという。

わが国における刀剣の鍛冶は、奈良時代以前からおこなわれているが、いわゆる日本刀として完成されるのは、やはり武士団が活躍した十二世紀の頃である。この頃には、山城・伯耆・備前・備中・豊後・薩摩などに刀工が認められる。山城の三条宗近や伯耆安綱も、この時代の著名な刀工であった。

矢と弓

「東国の武士の弓は三人張、五人張、矢の長さは一四束・一五束です。矢継ぎ早に射出す一矢で二・三人を射落し、鎧の二・三領をも射通します。大名には部下五〇〇騎以下の者はありません。そのなかにこうした強弓の精兵二、三〇人は持っておりましょう」。

これは富士川合戦の前夜、東国出身の斎藤別当実盛が、平氏東征軍の総大将維盛の諮問に答えた言葉として『平家物語』などに載っているものである。ここには、馬上から強弓で矢継ぎ早に矢を放ちながら、敵陣めざして果敢に突撃をしていく勇者の姿が想像される。

矢は狩猟用の野矢、射芸用の的矢・引目（蟇目）に対して、軍陣用の矢を征矢という。征戦に用いるという意味から名付けられたものらしい。矢幹には、節の近い篠竹の三年竹を使用して篦といい、乾湿に備えて漆をかけ、回転して飛ばすために柳の葉のように先を細かくした矢羽を矢筈のまわりに三矧ぎにし、先に小型の鑿のように仕立てた丸根の鏃を付けるのである。

長さは古くは七〇センチ前後であったが、源平時代になると九〇センチ前後と長くなっている。これに、八、九センチの長さの鏃が加えられるのである。

この征矢を一六から三六筋、竹骨で編んだ上に革または毛皮で包んだ箙に盛り、その上に四枚羽に狩俣の鏃をつけた鏑矢を一～二筋を上差しとしたのである。矢羽には、鷲や鷹の羽が珍重された。

木曾義仲の「石うちの矢」というのは、鷲の尾羽の左右の端から第一・第二にあたる、石をも弾くという石打の部分で矧いだ矢である。また敦盛の「きりふの矢」も、鷲の白羽に黒い斑文のある切斑で矧いだ矢であった。そして「一四束・一五束の矢」とは、矢竹の長さが手のひら一四・一五摑みもある大矢である。屋島の合戦で扇の的を一矢で射落とした那須与一宗高の矢は、一二束三伏せであった。一伏せは指一本の幅である。

軍陣の矢は堅く、しかも弾力性に富んだ槻や檀の木で作った木弓に黒漆を塗り、その上に籐を巻いた籐巻の弓が流行した。その籐の巻き方から、点々と間隔をおいて巻いたのを所籐、二ヵ所・三ヵ所・七ヵ所を巻いて、二所籐・三所籐・七所籐といい、また一面に滋く巻いたものを滋籐（重籐）といい、籐巻の上にさらに漆で塗り包んだものを塗籠籐と称した。木曾義仲の弓も敦盛の弓も、どちらも滋籐であった。滋籐の弓が最も好まれていたのである。

武士たちは強弓を誇りとし、弓の弦を三人がかり、五人がかりでなければ張れないような「三人張、五人張」の弓を引くものもいた。『保元物語』に記す鎮西八郎為朝の弓も五人張、一矢で二、三人を射通し、伊豆大島では、押し寄せる敵の軍船をわずか一矢で撃沈したという。

従者の腹巻と胴丸

源平・鎌倉期の戦闘は、騎馬武者どうしの戦いが主であった。軍記物語にも「三〇〇騎」「五〇〇騎」などと、ほとんどの場合、騎馬武者の数しか記されていない。しかし騎馬武者にはいつも数名の下人・郎党などといわれる歩卒がついているのが普通である。彼らは主人の馬の口取りをしたり、替え馬を曳いたり、飼い葉の世話や兵糧を運ぶ。主人の危うい時には命がけで助けることもある。身分が低く、手柄を立てても主人の戦功とされてしまう陰の役者だが、騎馬武者をささえる重要な役割を果たしていた。

彼らが身につけた防具は、腹巻・胴丸などと呼ばれた歩卒の料で、胴の草摺は足捌きをよくするために七、八枚に細分され、一般的には背面引き合わせ形式を腹巻、右脇引き合

図53　出雲前司光保ら武者の一団（『平治物語絵詞』，重要文化財，信西巻，静嘉堂文庫美術館所蔵）

わせ形式のものを胴丸と称して区別している。ただし、こうした区別は近世のことで、鎌倉期の記録ではいずれも「腹巻」と称していたようである。

腹巻・胴丸はともに兜をつけないのを普通とし、胴には鳩尾板（きゅうびのいた）・栴檀板（せんだんのいた）は付属せず、左右の肩に、杏葉（ぎょうよう）と呼ばれる肩当を付している。

図53は『平治物語絵詞』に描かれている武者の一団である。これは藤原信西（しんぜい）を討ち取った出雲前司光保（みつやす）が信西の首を検非違使（けびいし）に引き渡しに行くところで、先頭を行く歩卒の薙刀（なぎなた）に信西の首が掲げられている。

大鎧を着け、兜をつけずに烏帽子のままで馬を進めているのが主人光保、佩用した黄金作りの太刀の足合いに弦巻（つるまき）を付している。

図54　郎　党（『平治物語絵詞』，国宝，六波羅行幸本，東京国立博物館所蔵）

その近くにいる四騎の武者は光保の家人で、いずれも大鎧に兜をつけ、矢を負い弓を手にしている。

そして歩卒は彼らの下人たちで、いずれも腹巻をつけて従っている。ここでは特に末尾にいる薙刀を担いでいる一人に注目してみよう。この男は兜を被らずに折烏帽子のままである。両籠手の上につけているのは背面引き合わせ形式の腹巻で、両肩には杏葉を付している。足には脛巾も草鞋もつけていない。顔面の額から頬にかけて半首（半頬）をつけている。これは鉄板を革で包んだ防具で、猿頬とも呼ばれるものである。

図54も『平治物語絵詞』に見える郎党である。折烏帽子を被り、白い袖細の上につけているのは、右脇引き合わせ形式の胴丸で、黒塗り鞘の太刀を佩用している。籠手は左のみにさし、肩には杏葉を付している。下帯（褌）のみで袴ははいておらず、足も素足のままである。

変わりゆく戦闘シーン

打ち物による白兵戦の流行

　鎌倉期の戦闘は、弓矢を主とする騎馬武者どうしの一騎打ちを基本とし、太刀も反(そ)りが深く、馬の加速を利用して斬りつけた。ところが鎌倉末期頃になると、徒歩による集団戦が多くなり、大太刀や薙刀(なぎなた)を打ち振るっての白兵戦が流行した。そのため兜のかぶり方も、鎌倉期では兜の天辺の穴から、梨打烏帽子(なしうちえぼし)の先端を髷(まげ)の元結(もとゆい)ともども外に引き出していた。それが南北朝以降になると、兜の形は白兵戦に適した扁平(へんぺい)で大型なものとなり、そのかぶり方も、髻(もとどり)を解いた垂髪(すいはつ)を背の辺りで束ね、烏帽子の先も外へは出さずに深くかぶり、兜の天辺の穴自体も小さくなっているのである。

そしてさらに室町期に入ると、武士の甲冑(かっちゅう)使用にも変化が現れた。それは、重くて活動に不便な大鎧はすたれ、それに代わって軽快な腹巻や胴丸が武将たちにも好まれるようになったことである。

馬上では大鎧の大きな厚い四枚の草摺(くさずり)がすっぽりと上腿部を覆い、腰から下の防御となったが、徒歩の白兵戦には不向きであった。そこで、従来歩卒が用いていた草摺を八枚ないし七枚に細分して足さばきの便によい、胴丸や腹巻の使用が流行したのである。

そして胴丸や腹巻には、本来は袖や兜をつけなかったが、武将たちは大鎧と同様に胴丸や腹巻にもこれらを付けて用いるようになった。ことに室町期では、胴丸・腹巻に袖と兜を合わせて「三物(みつもの)」と称し、上流武士階級にも広く用いられたのである。と同時に、兜の鉢を従来のものよりもひとまわり大きくして、頭部に深くかぶるようになり、鞠も太刀を振るう手の自由をはかって扁平に仕立て、笠鞠(かさじころ)などと称した。

こうして兜の鉢が大形となるとともに、髪も髻を解いて乱髪とし、兜の緒付の孔も二ヵ所から四ヵ所に増えて左右各二本の緒を顎の下で結んだ。そのほか、頬当(ほおあて)・喉輪(のどわ)・佩楯(はいたて)などを加え、脛当は膝頭を覆う大脛当とし、籠手も両手につける諸籠手(もろごて)とするなど、防御のための具足をものものしく配するようになった。

このうちの佩盾は、従来の大鎧では無防備であった草摺の下から脛当までの間の隙を防ぐ膝鎧（ひざよろい）である。当初は左右の上腿部を裾窄（すそすぼ）みに覆い包む形状で、宝幢佩盾（ほうどうのはいだて）などと称していたが、室町期以降には足さばきの便をはかって板状の札仕立てや鎖つなぎとし、前掛けのように正面に垂らす形となった。

図55　室町期の戦闘（『結城合戦絵巻』）

図55は『結城合戦絵巻』に見える室町期の戦闘の模様である。この絵巻は永享（えいきょう）十二年（一四四〇）から翌嘉吉（かきつ）元年にかけて、下総の結城氏朝（うじとも）ら関東の豪族が、鎌倉公方足利持氏（もちうじ）の遺児を奉じて起こした結城合戦を描いたもので、作期は十五世紀末である。

三人の武者の内、前にいる太刀を構えている武者と、その隣で長刀を手にしている武者は、いずれも大鎧をつけている。しかしここで注目されるのは両人ともに籠手を両腕に差していることである。源平・鎌倉期の大鎧は馬上で弓を引くため、籠手は左にのみ差していた。

これに対して徒歩による白兵戦が盛んとなった室町期では、太刀や長刀・薙刀などを打ち振るっての戦闘にそなえ、大鎧にも諸籠手を差すようになる。また脛当も膝頭を覆うような大脛当となっており、ここにも白兵戦に対する防御のさまがうかがわれる。

また後で弓を射る武者がつけているのは腹巻であるが、袖をつけ、前の二人と同様の鍬形打った兜をかぶり、大脛当をつけている。本来腹巻・胴丸には袖や兜をつけないのが普通であった。それが室町期になると、軽快な腹巻・胴丸に袖と兜を合わせたいわゆる三物(みつもの)完備で使用することが、上級武士の間にも流行したのであった。

こうした室町期における戦闘と武器・武具の変化をうかがうために、さらに二つの画像を見てみよう。

図56は地蔵院蔵の足利義尚(よしひさ)画像である。梨打烏帽子をかぶり、額に白鉢巻を締め、赤地(あかじ)桐文金襴(きりもんきんらん)の鎧直垂(よろいひたたれ)に、籠手・脛当をつけ、紺糸威の脇盾を着けた古来の小具足姿である。しかし膝頭を覆う大脛当と喉輪をつけているところは室町的といえる。

腰には腰刀(こしがたな)と、毛皮の尻鞘(しりざや)をかぶせた太刀を佩き、征矢(そや)一六隻に上差(うわざ)しの鏑矢(かぶらや)一隻を添えた箙を負い、滋籐の弓を手にしている。馬はたて髪と尾髪と脚の下部が黒い白馬で、鞦は公卿以上の料である長い連着の鞦を用いている。

これは延徳元年（一四八九）三月、近江在陣中に二五歳で病没した九代将軍義尚の出陣の姿を、生母日野富子が、武家故実に詳しい小笠原政清に指導させて、幕府御用絵師狩野正信に描かせたものといわれている。手綱を持っている右手の籠手に、足利氏の家紋である二引両が見える。

図56　足利義尚画像

図57は永青文庫蔵の細川澄元画像である。紺糸威の胴丸（右脇に引き合わせの緒がみえる）に袖と鍬形を打った兜をつけ、左右の諸籠手と金溜塗の大脛当をつけ、たて髪と尾髪の白い栗毛の馬に乗っている。

太刀は柄・鞘を金の薄金で包んで文様を彫り込んだ厳物作り

図57　細川澄元画像

であろう。戦国期の流行である白い帯には腰刀を差し、長巻を手にして鞭を小脇に掻い込んでいる。長巻は打刀に薙刀のような長い柄をつけた形のものである。足に履いているのは韋足袋である。

上部に南禅寺景徐周麟の永正丁卯（一五〇七）の賛を持つ。作者は狩野元信と伝えられるが確証はない。しかし戦国初期の武将の出陣姿を描いたものとして貴重である。

戦国時代の合戦と武装

室町末期から安土桃山期にかけての約一世紀余、いわゆる戦国時代は、日本歴史におけるひとつの変革の時代である。中世から近世へ、社会機構や政治・経済・文化などあらゆる面に転換がみられ、近代日本につながる多くのものがこの期に芽生えた。

軍事面においても大きな変化が指摘される。すなわち戦闘形態が騎馬による個人戦法から、歩兵による集団戦法に移り、攻防の拠点である城郭も、自然の地形を利用した険阻(けんそ)な山城から、大兵を動かすのに便利な平地に、堀や石垣をめぐらして築いた大規模な平城に移っていった。これにともない、武器や戦闘法にも著しい変化があった。

まず攻撃用武器としては、接近戦の太刀・刀・長柄の槍・薙刀と、遠距離戦における弓矢の組織的活用が主なもので、戦国時代の末期にはさらに鉄砲が加わった。

太刀や刀は、騎馬戦中心の時代には補助兵器にすぎず、刀法も太刀の深い反りに馬の加速を利用して片手打ちで斬り付けた。ところが徒歩戦になると、用刀の技も工夫され、飯(いい)篠長威斎(ざさちょういさい)や上泉伊勢守信綱・塚原卜伝らをはじめとする剣客らにより、刀術もいちだんと進歩をとげ、刀は反りの浅い打刀(うちがたな)に変わった。槍や薙刀も長大化し、従来の手槍にくらべて二倍も長い三間半（約六・三メートル）の長柄(ながえ)が中心となり、身も穂先が笹の葉の形をした笹穂(ささほ)の素槍(すやり)のほか、刃に鎌のような形の枝をつけた鎌槍や十文字槍まで考案された。

弓矢も、一騎がけで馬上の矢合わせを争った戦いから、数百・数千の徒歩の弓隊が、一斉に矢を放つ戦法に変わった。

ポルトガル人によって、種子島に鉄砲が伝えられたのは天文十二年（一五四三）であるが、戦国大名らは、またたく間に鉄砲と火薬の製法を学んで、新兵器として活用することに成功したのである。

戦闘の変化は、防御用の甲冑にも大きな影響を及ぼした。腹巻や胴丸も、戦国時代になると実戦体験にもとづいて工夫が加えられている。

腹巻・胴丸ともに、札(さね)とよぶ革または鉄の小片を横に連ねて漆をかけ、これを組糸や革緒などで威して仕上げたものであったから、弓矢には対抗できたが、槍の激突による白兵戦には防御効果が薄かった。そこで堅牢なものに改良が施された。槍溜まりとならぬように小札(こざね)板を一枚の鉄や革の板にしたり、左脇に一ヵ所蝶番(ちょうつがい)をつけて前後を合わせる二枚胴が流行し、革や組糸の代わりに鋲で綴じたり、西洋の鎧を利用した南蛮胴(なんばんどう)さえ現れた。

しかし、堅牢さに重きをおくと、いきおい大鎧のような華麗さが失われ、地味になった。そこで武将たちは、人目を引くために意匠を凝らすようになった。具足の上に華麗な陣羽織をはおるようになったのも、戦国期のことである。

中でも特異なのは、鳩胸胴(はとむねどう)や裸形を打ち出した仁王胴(におうどう)、下腹部がふくらんだ布袋胴(ほていどう)など、いわゆる南蛮胴と呼ばれた奇抜な形である。家康が関ヶ原合戦に使用したものなどは、兜・胴・胸当ともに南蛮鉄製で、兜は椎(しい)の実形(みなり)で五枚錣(しころ)、胴は鳩胸形で前後二枚合わせとなっている。兜と頬当・籠手(こて)などの付属品は日本製であるが、胸当と胴はイタリア製の鎧をそのまま利用している。

兜も奇抜な形のものを好んだ。安土桃山時代には、秀吉の唐冠（とうかんむり）、家康の大黒頭巾、前田利家の鯰尾（なまずお）の兜、加藤清正の長烏帽子、黒田長政の一ノ谷などをはじめ、禽獣（きんじゅう）をかたどった兜なども流行した。関ヶ原合戦の時、細川忠興が使用した兜は、山鳥の尾の兜に銀の天衝（てんつ）きを立物としていた。家康がこれを遠望して、あたかも舞鶴のように見えたので感嘆し、後に銀の天衝を所望したという逸話もある。

こうした従来の大鎧・腹巻・胴丸などと異なった新様式の鎧を「当世具足（とうせいぐそく）」といい、奇抜になった兜を「変わり兜（かわりかぶと）」とよびならわしている。そこで、こうした戦国期の武装の特色がよく表れている三点の画像を見てみよう。

図58は本多家蔵の本多忠勝画像である。甲冑に身をかため、采（さい）を手にして床几（しょうぎ）に腰をおろしている出陣姿である。これは忠勝が大坂で描かせたもので、八度描き変えさせて九度目にようやく満足したという言い伝えがある。鹿の角を脇立とした兜をかぶり、黒糸威の胴丸具足を付け、肩から数珠をかけている。

角鍔をつけた糸巻の太刀を佩き、腰に締めた白帯には、打刀の脇差と鎧通しの短刀を差している。采の先につけられている白い毛は、霊獣として珍重されたヤクの尾であろう。

図58　本多忠勝画像

ヤクは中国からの舶来品のため唐牛ともいい、その尾をつけた兜を唐の頭といった。「家康に過ぎたるものが二つあり、唐の頭に本多平八」という句があるが、この忠勝の兜の後面にもヤクの黒い毛がつけられている。なお唐の頭は、色によって白熊・赤熊・黒熊なども称された。籠手をみると、親指の部分も完備している。室町期頃までの籠手には親指を配していないが、このように親指を含め手の甲全体を覆うようになるのも、当世具足の特色の一つである。

図59は秋田県天徳寺蔵の佐竹義宣画像である。兜をかぶり、正面に満月を描いた胴丸具足を付け、軍扇を手にして具足櫃に腰を掛けている。

籠手・脛当・喉輪などを完備し、胴は一文字の板札を素懸威として蝶番で合わせた二枚胴のようである。古様の札は電車の切符ほどの大きさであるが、戦国期には簡易軽便で大量生産を可能にするために一枚の細長い板札とし、糸目を荒く綴って素懸威と称した。胴と草摺（くさずり）（垂）をつなぐ揺るぎの糸が長いのも当世具足の特色である。これは打刀を差す太い白帯を締めるための工夫である。顔面につけているのは目の下頬当（面頬）といい、鼻形を懸け外しとし、鉄地の表面を黒塗りまたは朱・青・錆塗（さびぬ）りにし、鼻下・口下などに馬の尾の髯（ひげ）を加える例が多い。頭上には佐竹の家紋五本骨満月の扇を染めた幕が巻き上げられている。

図59　佐竹義宣画像

図60は福岡市美術館蔵の黒田長政画像である。一ノ谷とよばれる兜をかぶり、黒糸素懸威の具足に陣羽織をつけ、騎馬を進める出陣姿である。采を手にし、朱色の帯には朱鞘（しゅざや）の太刀と、拵（こしら）えを同じにした脇差をお

図60　黒田長政画像

びている。兜は一文字に断崖をかたどった前立をもつ変わり兜で、摂津一ノ谷にちなんだもの。もと福島正則の所用で、文禄の役の後、黒田長政の水牛の兜と交換したといわれ、その兜も黒田家に伝来した。

乗馬は無文銭のような斑のある連銭葦毛で、朱房連着の鞦をつけている。鞍は見えないが、黒い毛皮の泥障と、虎皮の鞍敷を用い、蒔絵の長舌鐙（舌長鐙）がつけられている。馬の左右の耳をはさんで頭部に取り回した面懸についている轡は十文字轡（出雲轡）で、これにつけた薄紫・青・白の横縞模様の手綱を手にしている。林道春（羅山）の賛がある。

戦国・安土桃山時代の合戦を描いた『川中島合戦図屏風』『長篠合戦図屏風』『賤ヶ岳合戦図屏風』『関ヶ原合戦図屏風』などを見ると、かつての源平・鎌倉期とは、戦場の模様が大きく変わっていることに気づくであろう。すなわちそれは、武将たちが自己の存在を誇示しているかのように、それぞれの軍旗・指物・馬印などの標識を掲げていることである。

戦場を彩る軍旗・指物・馬印

軍旗とは、祭礼や仏事などに用いる旗に対して、軍陣用の旗をいう。源平時代には紅白の旗によって敵味方を表したが、やがて武士団の間にも、家紋や神仏の名号を書いた軍旗が用いられるようになった。

鎌倉・南北朝期に使用された軍旗は、流れ旗の様式が基本であった。これは長さ一丈二尺、二幅の旗の上部を長い旗竿に取り付け、風に流れ靡く形状となっている。いわゆる源氏の白旗、平家の赤旗などと呼ばれるそれである。

しかし戦国期になると、軍旗の形状も多様となり、長方形のもの、また旗の上縁に竹や木の芯を入れ、旗の縁を袋状にしたり、縁に乳を付けて竿を差し込んだりして取り付ける昇旗（幟旗）などが出現し、さらに様々な形状の軍旗が用いられた。なかでも上杉謙信の紺地日の丸や、「毘」「龍」などの一字を記した軍旗、あるいは武田信玄の「風林火山」

の旗や諏訪明神旗などはよく知られている。

指物は差物・背旗ともいい、具足の指筒や合当理と呼ばれる装置に竿を取り付けた。指物の材質は紙・布・革・竹など軽便なもので、その形は幅二尺と長さ三尺の割合にして作った四半といわれる小形の旗や、その二倍ほどの大四半、丸い輪に数条の長い布の一端を綴じつけて竿に取り付け、輪の中を風が吹きぬけるようにした吹貫。また鯨骨や竹で籠のように仕立てて布でおおった保呂（母衣）のほか、御幣や団扇・傘・提灯など、各人の好みに任せて作り、家紋や神仏の名号、動植物や器物などの図様をつけ、時には一隊が同じものを用いて合標とすることもあった。

馬印は馬験・馬標とも記す。総大将の本陣に立てるものを大馬印といい、配下の部将の用いるものを小馬印と称し、ともに従者に持たせて進軍した。形状も、信長の金の傘、秀吉の金瓢、家康の七本骨の扇に日の丸をはじめ、思い思いの工夫が凝らされていた。

軍旗は源平の昔から用いられたが、指物と馬印は戦国時代の末に現れたものである。これらはいずれも先陣における全軍統合の象徴であり、敵に武威を示すとともに、自分たちをも奮い立たせ、戦国武将にとって欠くことのできない重要な戦具であった。

図61は『長篠合戦図屛風』の信長と家康の本陣の部分である。まずは信長をみると、赤

図61　信長(上)と家康(下)の本陣(『長篠合戦図屏風』，犬山城白帝文庫所蔵)

房連着の鞦を懸けた連銭葦毛の馬に乗っている。傍らには大薙刀と、弓矢を持った調度懸、南蛮笠の兜が立てられている。その前を鳥毛の槍と白地に永楽銭を染め抜いた軍旗が進んでいる。軍旗は乳付きの昇旗（幟旗）である。脇を固める武者の背には旗指物が付けられている。その前を保呂武者が行く。信長の近習には赤保呂衆・黒保呂衆があった。

いっぽう家康は黒馬に乗り、脇に兜と槍・薙刀持、前には金の七本骨の扇に日の丸の大馬印が立てられている。背に「五」の指物を付けているのは家康の使番である。

映像技術の進歩と時代劇

近年は映画もテレビ時代劇も、大がかりな合戦シーンはめっきり少なくなった。中でも気になるのは登場する馬の数が少ないことである。しかし馬の使用料は、並みの俳優の出演料よりも高いというから、致し方ないことではある。

ただ嬉しいことに、最近は特殊撮影技術の進歩やコンピューター・グラフィック（CG）の活用により、これまでには想像もできなかった映像が作り出されるようになっている。

たとえば、デザイン画をもとにしてコンピューターで画像処理をすれば、巨大な城郭はもとより、内部の長い廊下や、豪壮華麗な障壁画を備えた大広間の映像が作られ、小さな焚き火のような炎でも、天を焦がすような大火災の場面となって映し出される。そしてわずか数十人の軍勢の隊列も、これを繰り返して続けることにより、数千・数万もの大軍に編成することも可能なのである。

こうした映像技術の進歩により、時代劇もすでに新たな時代を迎えているのである。

時代風俗考証こぼれ話――エピローグ

ドラマ作りのハテナ？

　大河ドラマの考証作業は、毎週の定例会議において、演出・美術・衣装等、十数名のスタッフとともに行われる。台本の準備稿を読みながら、台詞（せりふ）の言い回しや歴史用語、時代背景の検討をし、場面ごとに登場人物の髪型、服装、持ち物等を定めていく。その他元服、婚礼の儀式や部屋飾り、座る位置、食事の献立など、まさに衣食住の風俗全般にわたる質問に答えるのである。当然のことながら、難問・珍問が出されることも多い。

『花の乱』で忘れられないのは、三種の神器（じんぎ）の一つである神璽（しんじ）を作らされたことである。これは南朝の残党に奪われていた神璽を、日野富子が手に入れ、朝廷に返却するという筋書きで、その神璽を見せたいというのであった。

神璽といえば八尺瓊曲玉のことで、おそらくは歴代天皇以外にはほとんど見た者はいないはずである。もちろん写真等で公開されたこともない。これにはいささか困惑したが、「是非に」ということなので、知人の考古学資料館学芸員の協力を得、神社の神宝や古墳出土の首飾りを参考にして、翡翠の原石で六個の曲玉を作り、それに滑石製の管玉と紫色のガラス玉を連ね、赤い紐に通して作り上げた。もしこの場面を天皇陛下が御覧になっていたら、なんと仰せられたであろうか。

風俗考証は、台詞にはない部分を作ることもある。これも『花の乱』の時のことであるが、応仁の乱で西軍として京都に上る大内政弘の、山名宗全への手土産は何にしたらよいかとの質問を受けた。そこで私は、しばし思案の末、虎の毛皮と鯨肉はどうかと提案した。虎皮は明国からの輸入品、そして鯨捕りは当時水軍の演習としても行われていたからである。これが採用され、その中の虎皮は、故萬屋錦之介さんが扮する山名宗全の尻に敷かれたのであった。

時代的な相違、すなわち『義経』の平安末期と、『北条時宗』の鎌倉期と、『花の乱』の室町中期と、『毛利元就』『秀吉』『利家とまつ』の戦国織豊期と、『葵・徳川三代』『武蔵』の江戸初期とでは、風俗や慣習もかなり異なる。それぞれの時代にふさわしい場面を作っていかなければならない。

たとえば、『秀吉』の台本に、信長がタバコを吸っていたといった記述があると、タバコが日本に伝えられたのは慶長期以降だからやめようと指摘をする。また馬の乗り降りや弓・鉄砲の持ち方にしても、中世以来の日本における作法・慣習と、近代以降に一般的となっている西洋式のそれとでは、大きな相違もあった。

すなわち、馬の乗り降りは、現代ではオートバイや自転車と同様に左側からなされるのが普通である。けれども古来の和式馬術では右側からとされていた。また弓は通常には弦を下に向けて左脇に抱え持つのが作法であるが、戦国時代の足軽弓隊の行進では、弓弦を上に向けて肩に担ぐ。鉄砲の担ぎ方にしても、近代以降の陸軍歩兵小銃は右肩であるが、種子島銃は右に火縄が付属しているから、左肩に担がねばならない。

時代・風俗考証の基本は、史実としてはっきりしていることと、史料がなくてわからない部分との整理、区別をし、時代背景をふまえた場面作りをしていくことである。史料のない部分を作るのは難しいが、反対に史料が多く史実が明らかな所で、作家の創作やフィクションを生かしながらドラマを作っていく作業も骨が折れる。

『毛利元就』では、元就の少年時代、森田剛さんの扮する松寿丸（しょうじゅまる）が、ぐれた不良スタイルで登場した。当初「茶髪」ではどうかと尋ねられたが、「それはやめて」ということで、あの赤や青の紐を結びつけた髪型が作られることになった。また台本には元就が新妻美伊（みい）の肩を抱いて、夜空の打ち上げ花火を見ていたという素晴らしい場面が書かれていたが、打ち上げ花火は天文（てんぶん）十二年（一五四三）の鉄砲・火薬の伝来以降でないとまずいということで書き改め、同じ頃に村上水軍が船上で遠眼鏡（とおめがね）（望遠鏡）を使用していたという部分なども、ヨーロッパでも望遠鏡の使用は、十七世紀初頭であるという理由により削除した。

とはいえ、大河ドラマもいわゆる時代劇である。それゆえ歴史家が考証に加わったといっても、史実どおりにはいかないこともある。当然のことながら、作家や脚本家の創作による架空の人物やフィクションが加えられ、さらにはドラマの構成や演出上の判断により、史実とは大きくかけ離れた物語として脚色されることさえある。

たとえば、『北条時宗』には、西園寺実氏（さいおんじさねうじ）や足利泰氏（あしかがやすうじ）のように、彼らの実際の死よりも長く生き続けて姿を現わしてきた場合もある。こうした史実とのズレは、考証の立場からすれば頭の痛いことであるが、制作スタッフにいわせれば、登場人物をあまり多くしたり変えたりすると、視聴者がわかりにくくなるという。つまりは確信犯的な創作が加えられているのである。

モンゴルの使者趙良弼(ちょうりょうひつ)は、史実としては文永八年(一二七一)十月にクビライハーンの国書を携えて来日したが、返書を与えられずに帰国した。そして翌年にも再び日本へ渡り、この時には約一ヵ年滞在して日本に関する様々な情報を持ち帰ったといわれる。この趙良弼の二回にわたる来日と経過も、ドラマではただ一回のこととして集約されている。これもドラマを複雑にしないための配慮からであった。

時宗の異母兄北条時輔(ときすけ)は、史料上では文永九年の二月騒動で殺され、松浦党の佐志房(さしふさし)は同十一年の文永の役で戦死したとされている。ところがドラマではこの二人はともに瀕死の重傷を負いながらも生き延び、時輔は思わぬ形で蒙古襲来に巻き込まれ、佐志房にいたっては蒙古へ渡ってクビライ暗殺をはかって失敗するという途方もない物語が展開された。

『葵・徳川三代』では、江戸にいるはずの徳川秀忠が、家康と一緒に京都や大坂にいるのはおかしいと指摘したが、ドラマの構成上からは仕方があるまいという結論となった。

また『利家とまつ』では、京都や安土にいる信長の側近の利家が、しばしば一人で故郷の尾張荒子(あらこ)に帰っていたり、信長に従軍して戦場にいる利家の所に、まつが姿を現したりすることなどは、史実としてはありえない。けれども夫婦愛をテーマとする戦国版ホームドラマを売り物にしているからには、そうしたフィクションにも目をつぶるよりほかはない。が、こうした史料にないところを、いかに面白く創作するかが、脚本家の腕のみせどころとなるのである。

登場人物の身なり格好や、衣食住の風俗については、記録のほか絵巻物等の絵画史料を参照しながら、つねにその時代にふさわしい雰囲気づくりの協議が重ねられる。ただしこれとても予算・制作費の都合によっては、時代や身分にそぐわない衣装や武器・武具を使用せざるを得ないこともある。

手紙なども、史料として残っているものは問題ないが、実在しない手紙を作るときには、歴史家として良心が咎めるような気もする。

いちいち数えてはいないが、ドラマのためにたくさんの偽文書を作っている。中でも苦労をしたのは『武蔵』の時である。何しろ主人公の武蔵はもとより、佐々木小次郎・吉岡清十郎などをはじめ、実像の明らかでない剣客が多数登場する。そのうえ、お通や又八・朱実・お杉婆といった、吉川英治の創作になる架空の人物も多い。にもかかわらず、これらの人物の手紙を、古文書学の様式に則り、苦笑しながら「捏造」したのである。

名前と呼び名

当然のことではあるが、歴史研究者の領域における一般常識や叙述の方法と、映画やテレビ時代劇におけるそれとでは、かなり異なることが多い。たとえば、名前の扱い方をとりあげてみよう。

現代では、誕生とともにつけられた名前を、死ぬまで用いるのが普通であるが、昔は幼名（ようみょう）・通称・号など、一生の間にいくつもの名前を用いたのである。

幼名は稚名（おさなな）・童名（わらわな）などともいい、誕生まもない幼児につけられ、松・竹・梅・鶴・亀などのめでたい文字や、寅・辰などの干支、あるいは誕生の奇瑞（きずい）にちなんだ名が与えられることが多かった。

今は少なくなったが、赤子が誕生すると、その子につける名前を半紙に書いて、神棚や壁に貼る風習を伝えている家もあろう。こうした風習の起源は明らかでないが、おそらくは近世の民間に始まったものと思われる。中世では、父親が折紙に名前を書き、太刀や刀を添えて赤子に与え、これを命名折紙（めいめいおりがみ）と称した。その形状は、折り目を下に二つ折りとした料紙を、さらに左右から三つに折り畳んだ中央に名前を書いたものであった。

これまでの時代劇では室町や戦国のドラマでも、名前を墨書した半紙を産室の壁に張るのが普通であったらしいが、私が関与した考証では、古様の命名折紙とするように主張している。

さて、幼児が少年となり、さらに一定の年齢に達すると元服を行なう。元服の「元」はコウベの意であり、「服」は服装のことである。つまり垂れ髪に、童服を着ていた少年が、髻を結って被り物をかぶり、衣服も成人服に改めて大人に仲間入りをする儀式である。

元服は時代により、また身分によって多少その作法を異にした。公家では後世まで冠を用いたが、中世以降の武家社会では烏帽子を用いた。それで加冠の人を烏帽子親といい、かぶせてもらう冠者を烏帽子子といった。そしてこの元服式の際、烏帽子子は烏帽子親から実名すなわち諱を記載した折紙を与えられ、通称をも定めて一人前として公認されるのである。

通称のことを仮名・俗名ともいう。真の名・本名である実名に対して、仮の通り名という意味からである。実名は本人が名乗るもので、他人が呼ぶことを忌み憚ったことから諱ともいい、他人は通り名である通称で呼ぶ風習があった。

通称には、太郎・次郎のように兄弟の順位である輩行や官職名、剃髪とともにつけられる号などがある。しかも通称は現代における肩書きのようなもので、年齢やその身分、社会的地位の変化に応じて改名された。

例をあげれば、織田信長は幼名を吉法師といい、一三歳で元服して三郎信長という名前が与えられたが、このうちの三郎は通称、信長は実名である。その後通称は家督を継いで上総介、尾張の国を平定して尾張守と改め、上洛とともに弾正忠と改称している。さらにその後、信長が官職名を持つようになれば、人々は信長を、大納言、右大臣などという官名で呼んだのである。

また徳川家康は、一四歳の時、今川義元を烏帽子親として元服し、それまでの幼名竹千代を改め、義元の偏諱（一字）を受けて次郎三郎元信と名乗り、のちにまた祖父清康の武名にあやかって元康と改名した。しかしその後、今川から独立して織田と同盟を結ぶと、元康はその名を家康と改めた。家康への改名はそのまま今川との主従関係の破棄を意味したものであったといえる。

いっぽう通称のほうは、次郎三郎の後、蔵人佐と改めていたが、永禄九年（一五六六）従五位下三河守に叙任されると三河守を称し、天正十四年（一五八六）正三位権中納言、同十五年従二位権大納言、慶長元年（一五九六）正二位内大臣と昇進し、同八年に征夷大将軍・従一位右大臣となるが、この家康の官職の異動とともに、人々はその官職名を呼び名としたはずである。

けれども、時代劇における登場人物の名前・呼び名の扱い方はむずかしい。史実どおりにすると、じつに複雑で理解しがたいものとなってしまうからである。

大河ドラマの『花の乱』は、登場人物の名前をできるだけ忠実に扱った作品であった。たとえば山名宗全でいえば、官名だけでも弾正少弼、左衛門佐、右衛門佐、右衛門督と改名した。ところが視聴者にとっては、そうした史実どおりの変化は難解このうえないものになってしまうのである。

その後の大河ドラマでは、通称の呼び名とはせず、大方は実名を用いているようである。『葵・徳川三代』でいえば、徳川秀忠の官名は権中納言、権大納言、右近衛大将と変化し、慶長十年に将軍となっている。だが、ドラマでの呼び名は秀忠で通している。また加藤清正や本多正信、稲葉正勝、土井利勝らをはじめとする大名や幕閣のみならず、近衛信尋、広橋兼勝、三条西実条といった公家衆らについても、すべて実名をもって呼んでいる。こうしたことは本来ならありえないことであるが、ドラマをわかりやすくするためには致し方のないことなのである。

歴史上の女性の実名は明らかでないものが多い。それは親子や夫婦間でない限り、実名で呼ぶことを敬避したことによるものであろう。室町幕府の侍女などは、『簾中旧記』

や『大上臈御名之事』によれば、上臈は「ちゃちゃ」「あちゃ」「あこ」「よよ」などと「おさな名」をつけて呼ぶ。中臈は「春日殿」「京極殿」「中納言殿」「右京大夫殿」「じじゅう殿」「さえもんのすけ殿」などと官・町の名を付して呼ぶ。下臈は「はりま」「いよ」「さぬき」などと国名を呼ぶ。また新参には「御いままいり（今参り）」などと称したという。

ところで、大河ドラマの『秀吉』では、これまで一般的に知られていた「ねね」という名前を「おね」とした。これは堺屋太一氏の原作にある名で、おそらくは秀吉の自筆消息の宛名は「おね」であるという故桑田忠親氏の説に従ったものであろう。しかし考証会議では異論もあり、「お」は尊称の意を表す接頭語で、彼女の消息の署名は「祢」の一字である。また『平姓杉原氏御系図附言』には「於祢居」とあるから、「ねい」かもしれないという意見もあったが、原作どおり「おね」でいこうということになった。

呼び名の使われ方は、公家・武家・一般庶民といった階層や、身分格式の上下によってもさまざまな区別があった。将軍を御所様・公方様、その室を御台様、隠居夫妻を大御所様、大御台様と呼ぶこと。家臣は主君を殿様、室を奥様、隠居夫妻を大殿様、大奥様と呼ぶことなどは、時代劇でもごく普通に用いられている。

けれども、江戸時代の武家社会においては、殿様、奥様といった呼び名の使い方にも、今日の一般常識とは異なる慣習があったようである。『徳川盛世録』によると、大名・旗本は家臣から「殿様」、その妻は「奥様」と呼ばれるが、御目見以下や陪臣・浪人らの侍は、召使から「だんな様・御新造様」と呼ばれ、いかに富貴なる者も、殿様・奥様と称されることはなかったという。現代ではどうであろうか。どこでも夫人は奥様であろうが、亭主は良くて旦那様どまり、殿様と呼ばれることなどはあるまい。はてさて、これはどうしたことであろうか。

食べ物と酒

NHK大河ドラマ『秀吉』の放送が開始されて間もないころのことである。尾張中村の農家で、竹阿弥、なか、とも、小竹らの日吉(秀吉)の家族が「豆腐」を食べていたが、当時豆腐はあったのか。また川辺の小舟でうたた寝をしていた秀吉が、蜂須賀小六の率いる野伏の一行に目を覚まされたとき、「鯛の刺し身に天プラ」を食う夢を見ていたのに起こしやがってと怒っていたが、おかしくはないかといった問い合わせが寄せられてきた。

この豆腐や鯛の刺し身・天プラについては、製作段階の考証会議においても話題となっていた。そして、豆腐はすでに室町時代にひろく食べられ、女房詞では「しろ物」「かべ」とも言い、『言継卿記』にも「白壁一折」とみえる。また刺し身は「うちみ」と称され、『よめむかへの事』にも「うちみ、よめ入りにはこいをもちひず、たいをもちふるなり」とあるから鯛の刺し身で問題はない。

ただ「天プラ」に小麦粉を用いて揚げることから「天麩羅」の字を宛てるようになるのは江戸中期以降であるが、餅や菜っ葉を胡麻油で「つけあげ」にする揚げ物は平安時代にさかのぼり、安土桃山期には「飛龍頭」とよばれた揚げ物料理もあったらしい。しかし「つけあげ」や「飛龍頭」ではわかりにくいので、「天プラ」でいこうという結論が出されていたのである。

『葵・徳川三代』でも、家康最晩年における病因として知られている榧の油であげた鯛も、「鯛の天プラ」に「ニンニクをすりかける」というおいしそうな台詞に作られていた。

食べ物は誰にも身近であるだけに、視聴者からの質問や指摘も多い。それゆえ考証会議にも熱が入る。台本に、秀吉が赤い西瓜を食べていたといった記述があれば、赤い西瓜は江戸時代に入ってからなので、真桑瓜のような瓜にすべきであると指摘をする。また『毛利元就』では、松寿丸ら子供たちが、焼き芋を食べるシーンではどんな芋を使ったらよいかという質問に対して、サツマイモのような甘藷芋の栽培は江戸初期以降であるから、里芋が良かろうと答えたのであった。

食べ物や酒は、ドラマの雰囲気づくりに重要であるが、その内容や作法は、時代によってかなりの相違がある。室町・戦国期には日記や記録などの史料も多く残されているから、公家・武家の饗宴（きょうえん）の献立や、当時の人びとの食生活をもうかがうことができる。けれども、時代劇で扱われる前近代の日本は、上下の区別がやかましい身分制社会であった。それゆえ、飲食や饗応にも、時代にふさわしい映像作りが要求されてくる。

たとえば、料理を載せる膳にしてからが、中世では将軍および摂家・門跡・大臣は四方（しほう）、大・中納言以下公卿・殿上人は三方（さんぼう）、そして大名は足付（あしつき）とした。三方は前と左右の三方に刳（く）り形の穴を空けた台を、白木方形の折敷（おしき）につけたもの。四方は四隅に穴があり、足付は足打（あしうち）とも言い、折敷に足を取り付けたものである。一般武家衆に対しては、足のない平折（ひら）敷が出された。

現代人の感覚からすれば、食事や宴会などで、膳の種類に差異があるというのは理解し難いであろう。けれども身分制社会においては、膳だけでなく料理の品数にも差がつけられていた。

室町時代の武家の食事を記した『酒飯論（しゅはんろん）』の挿図にも、来客の高貴な武家と亭主には足付の本膳・二の膳と折敷がすえられているが、相伴（しょうばん）の侍には二の膳が出されていない饗宴の模様が描かれている。

饗宴に際し、時には賓客（ひんきゃく）の御前に俎板（まないた）が置かれ、鯛（たい）や鱸（すずき）などの大物が調理されることもある。調理には手を使わず、右手の包丁と左手の真箸（まなばし）によってさばかれる。真箸は魚や鳥を料理する際に用いる柄のついた木または鉄製の箸である。『毛利元就』では、緒形拳さんの扮する尼子経久（つねひさ）が、包丁と真箸によって大鯛を見事に調理するシーンが撮られた。

飯の食べ方にも作法があった。飯には強飯（こわめし）と常の飯とがある。常の飯はやわらかいので、姫飯（ひめいい）ともいう。強飯の食べ方は、『今川大双紙』によれば「箸にてすくひ、左の手の上に移して、手にてくふべし。さりながら汁候はゞ、箸にてくふべし」という。また『宗五大草紙』に「武家にては必ず飯わんに汁かけ候」とあるように、飯には汁をかけたのである。とろろなども冷汁（ひやじる）に含まれる。『武者物語』に、北条氏政が「一飯に汁を両度」かけて食べたのを見た父の氏康が、「一飯に汁をかくるつもりを覚えず」不器用といい、北条の家も我一代で終わりと嘆いたという逸話があるが、ここにも飯に汁をかけて食べる風習がうかがわれる。

大河ドラマ制作の舞台裏では、このような食事の献立や膳の種類、調理や食べ方にまで検討が加えられ、各時代の階層や、時と場所にふさわしい雰囲気づくりに努力が注がれているのである。

酒も時代劇には欠かすことのできない小道具といえる。酒器は盃（さかずき）と銚子（ちょうし）、提（ひさげ）、瓶子（へいじ）である。盃には木盃や塗り物の盃もあるが、式正に用いられたのは土器（かわらけ）すなわち素焼きの盃である。その土器にも三度入（さんどいり）、五度入、七度入、といった種類があった。普通に用いるのは三寸の三度入で、五度入は五寸、七度入は七寸の大きさである。

銚子は酒を入れて盃に注ぐ長い柄のついた金属製の容器である。提は弦の取っ手がついた小鍋形の具で、銚子に酒を加え足すのに用いる。そして瓶子は細長く口の狭い瓶で、徳利（とくり）とも称している。

中世の公家・武家社会では、こうした酒器の使用についても時と場合によってさまざまな規定や作法があった。けれども時代劇では、室町邸や江戸城において将軍拝謁の際に酒盃を賜わる「召し出し（めいだし）」「御流頂戴（おながれちょうだい）」や、元服・婚礼などの式正儀礼では銚子と提を用い、酒宴や日常の酒席では、提や徳利が用いられるのが普通である。なお、「召し出し」とは盃一つにて諸人に飲ませることで「御流頂戴」とは、御前にあまた積み置かれている土器に酒をいただき、土器はそのまま持ち帰るのであった。

酒宴では、酒が進み興に乗ってくると、酒盃の遊びを始めることもある。『花の乱』では、市川団十郎さんの足利義政と萬屋錦之介さんの山名宗全に、酒盃の遊びをやらせる場面を作ることになった。そこで私は、十度呑もしくは鶯呑はどうかと提案した。『宗五大草紙』によると、十度呑とは中に盃を十置き、まず一人が盃と銚子を取って始め、次の人に差してその人に銚子を渡し、これを順次に送っていくまわり酌である。そして鶯呑とは「両人出て十はいとくのみたるを勝と申し候」とあるように、十杯の酒を飲む早さを競うのである。その結果は、鶯呑にしようということになった。

時代劇でしばしば困るのは、菓子の種類が少ないことである。羊羹や饅頭にしても、室町期では「羹」は「あつもの」すなわち魚・鶏肉などを入れた熱い吸い物で、饅頭も汁椀の具であった。甘味料といえば甘葛で、菓子といってもせいぜい、花びら餅、団子、かき餅くらいで、茶菓子も果実などが主であった。

毛利元就は下戸で餅を好み、家臣にもよく餅を与えたという。そこでドラマでも当初は餅を食べていたが、雰囲気が出ないということで、いつの間にか小豆餡の入った饅頭に変わっていた。

安土桃山期以降になれば、砂糖の使用や南蛮菓子といった菓子の種類も多くなる。『秀吉』『利家とまつ』では、ガラスの容器に入った「コンペイ糖」が用いられたのであった。

儀式と作法

平成六年度のNHK大河ドラマ『花の乱』の放送期間中、足利義政と日野富子の座配すなわち座る位置が左右反対ではないか、という問い合わせがしばしば寄せられた。皇太子御成婚の翌年でもあり、殿下(でんか)を右側(向って左)雅子妃を左側とする映像や写真を見慣れていたことから、違和感が生じたのであろう。しかしわが国では、古来左方(向って右)を上席としてきたが、明治以降の西欧化につれて、天皇家や皇族方も西欧風に女性が左側に位置するように変わったのである。

身分制社会においては、座配は序列を示すものとして厳然とした慣習があった。それゆえ時代劇においても、場面ごとに登場人物の座配を正しく設定することが重要となる。ことに儀式の場面などは、座配をいい加減にすれば、時代を無視した興味本位なドラマとの非難を受けるであろう。

儀式の場面づくりは意外に大変である。台本には儀式の内容や順序は書かれていない。しかも映像としてはカットによるわずか数秒のものでも、収録に当たってはあたかもその儀式の再現を試みるかのように、全体のシーンが作られる場合が多いのである。

元服や婚礼などは、大河ドラマの多くで、必ずといってよいほどおこなわれる。

『北条時宗』でも、『吾妻鏡』正嘉元年（一二五七）二月二十六日条をもとに、武家故実書を参考にして、正寿丸すなわち時宗の元服シーンが作られた。スタジオに設けられた将軍御所の寝殿に、大紋高麗縁畳を二枚置いて将軍の御座と加冠の座を設け、上手（左）に立烏帽子狩衣をつけた宗尊将軍、下手に正寿丸が狩衣姿で着座すると元服の儀が始まる。

理髪役は北条長時、柳筥に据えられた烏帽子の持参役は安達泰盛、他に理髪の道具を納めた打乱箱と、鬢付け水を入れた泔坏を捧持する役者がいる。いずれも侍烏帽子直垂姿である。

正寿丸は加冠の座で長時によって理髪が整えられると将軍の御前に進み、将軍から立烏帽子をかぶせてもらう。そして名前を記した命名折紙を授けられた。ただ、記録に見える奉仕役や列座の人数などは、ドラマではセットの規模によって省略をされたり、座る場所なども、カメラの位置に合わせて設定されたりしてしまうのは、致し方ないことである。

婚礼の「婚」は女偏に昏と書き、婚礼は古来日没後におこなわれてきた。嫁の乗った輿が生家を出る時、門前には門火（篝）がたかれ、行列は貝桶、御厨子黒棚、荷唐櫃、長櫃、長持、屏風箱、行器などの嫁入り道具の品々を先に進め、その後に花嫁の輿が行く。

このような上流武家における輿入れの場面はもう何度も映像化されている。

けれども、婚礼の場面づくりも問題が多い。それは中世におこなわれていた婚礼が、現代の結婚式とは全く異なっていたからである。現代における結婚式といえば、新郎・新婦と仲人夫妻および親族による婚礼に続き、招待客を交えての披露宴が催されるのが普通であろう。

しかし中世の婚礼は、花婿・花嫁と、待女臈（まちじょろう）と呼ばれる仲人役のみによって厳粛に執りおこなわれた。しかも婚礼の当日と二日目は、男女ともに白装束で過ごし、三日目に色直しと称して色柄の着物に改める。嫁が舅（しゅうと）・姑（しゅうとめ）やその親族と対面、披露をするのも、三日目の色直しの後である。

それが江戸時代になると、婚礼に舅・姑も同席して、盃事（さかずきごと）の座において、直に花嫁との対面の式をおこなうようになり、色直しも当日の盃事が済んだ直後になされるようになるのである。

『花の乱』では、市川新之助さんと松たか子さんが演じる足利義政と日野富子の婚礼が、故実書による再現の形で撮られた。室町邸対面所に立烏帽子白直垂姿の義政と、白の小袿（こうちき）姿の富子が対座し、かたせ梨乃さん扮する義政の乳母・今参局（いままいりのつぼね）が待女臈をつとめ、他には配膳・酌役を奉仕する二人の侍女のみが同席した。そして式三献による三盃を終えると、今参局が富子の胸に掛けた金襴の懸守を両手で取り上げ、それを義政の手に触れさせた後、立ち上がって懸守を床の折釘に掛けて戻り、祝詞を述べるというのであった。室町期の婚礼を古式に倣ってやろうということで、格調高く作られたのであった。

だが婚礼は、大河ドラマにあっても古式どおりに作られることは極めて稀である。それは婚礼の内容と性格が、中世と現代とではかなりの相違があっただけでなく、現代のような大勢が参列して執りおこなわれる結婚式や、当日の披露宴とするほうが、ドラマの構成として都合がよく、違和感も少ないのであろう。

儀式や作法の考証は、不安がつきまとう。何しろほとんどは実際に見たことがないものばかりで、せいぜい絵画史料や故実書を手がかりにして想像するよりほかない。けれども故実書には、中世武家社会の風俗・慣習や、武士の生活を知る記述が豊富である。

たとえば、中世の産所は畳の縁を白とし、屏風は白張、座敷に置かれる灯台や蠟燭もすべて白とされた。そして生まれた嬰児のそばには、悪事災難除けを祈って天児人形と守り刀、それに張子の犬などが置かれる。

このような産所の模様も、美術スタッフによって簡単に作られるようになった。『北条時宗』では、この産所に加えて時宗誕生の際には安達泰盛・平盛綱ら数人が縁先に立って弓の弦打(つるう)ちをおこなった。これも故実書に記す誕生の鳴弦(めいげん)にヒントを得たものである。『北条時宗』では、鎌倉御所における歳首の椀飯(おうばん)の儀がおこなわれた。椀飯は、衝重(ついがさね)の膳に強飯を高盛にした椀飯と打鮑(うちあわび)・梅干・海月(くらげ)・酢・塩などを添えて将軍に進献するもので、鎌倉・室町幕府においては重要な年中行事とされていた。ドラマでは烏帽子直垂姿の時宗が、厳然とした作法によって宗尊将軍に椀飯を献ずるという珍しいシーンが作られた。時代劇で椀飯が登場したのはおそらくこれが初めてのことであろう。だが、テレビ画面に映し出された椀飯の椀に、北条氏の三鱗紋(みつうろこもん)が大きく据えられているのを見たときには赤面の思いであった。

時代・風俗考証は、ドラマづくりの裏方で助言・協力するのが仕事である。ただ複雑な儀式の場面では、リハーサルの現場に呼び出されることもある。大河ドラマ『葵・徳川三代』の時には、徳川秀忠の将軍宣下(せんげ)の場面作りに立ち会った。体育館のような広いリハーサル室には、大御所徳川家康役の津川雅彦さん、秀忠役の西田敏行さんほか、徳川家臣役の俳優さんたちが、普段着のままたくさん集まっていた。伏見城に勅使が下向(げこう)し、秀忠将軍宣下(せんげ)の儀をおこなおうというのである。

儀式の次第や座配、宣旨(せんじ)などは、あらかじめ参考史料や写真などを用意し、万全を期して臨んだが、勅使の俳優さんから宣旨の読み方の口調を教えて欲しいという思わぬ質問を受けた。そこで私は、昭和天皇のような口調はいかがでしょうか、と答えたのであった。

あとがき

私の専門は、中世から近世におよぶ武家社会の制度や儀礼格式の研究である。そして恩師桑田忠親先生の後継として、昭和四十八年度から国学院大学文学部史学科の専任教員として、中世史の講座を担当してきた。さらに昭和六十一年度からは、鈴木敬三先生のご退職にともない、有職故実の講座をも合わせて受け持ってきた。

また平成六年から縁あってＮＨＫ大河ドラマの制作に関与し、『花の乱』をはじめとして、これまでに九作品の風俗考証を担当してきた。

そうした経験をふまえて、いつか機会があれば新しいスタイルの有職故実の入門書を書いてみようと思っていた。

その機会がめぐってきたのは、平成十三年に吉川弘文館のＰＲ誌『本郷』の「時代劇を読む」の連載を終えた際のことである。私が担当した六回分の時代風俗考証の内容をふくらませ、歴史文化ライブラリーの一冊としてまとめるようにというお勧めをいただいた。

かくして執筆の準備に入ったが、すぐさま壁に突き当たった。ドラマ制作における時代風俗考証の対象範囲はすこぶる広い。衣食住のほか年中行事や冠婚葬祭の礼式作法、それに武器武具や合戦、庶民生活にいたるまで、あらゆる分野に及んでいる。とても二五〇枚程度で述べつくすことは不可能なものに思われた。

そこで思案のすえ、主として女性・男性の衣装や、住居と室内の調度、牛車や輿など往来の乗物、それに鎧兜など軍陣のいでたちにしぼって書いてみてはどうだろうかと考えた。これらは時代劇の映像でいちばん目に触れるだけでなく、有職故実の基本的な事項であり、しかもドラマの制作においても、最も重要な事柄とされるからである。

そして全体の構成もいわば風俗文化史的に、それぞれのテーマ・項目について平安から鎌倉・室町・戦国・安土桃山といった時代的な変化や特色を明らかにすることにした。私はかねてより、従来の有職故実書といえば、項目別の事典形式を取り、内容も専門的で一般読者にとってはいささか難解なものが多く、いますこし分かり易い書物ができないものだろうかと考えていた。

こうしてできあがったのが本書である。内容のほとんどは新しく書き下ろしたもので、巻末の「こぼれ話」の一部だけは『本郷』掲載のものを再録している。
いまひとつ本書の特色として、絵巻物や画像など多数の図版を使用したことである。出版事情の悪い中で、私のかくも無理な注文をこころよく理解してくださった、吉川弘文館ならびに編集部各位に深甚の謝意を表する次第である。

二〇〇五年四月

二木謙一

著者紹介

一九四〇年、東京都に生まれる

一九六八年、国学院大学大学院文学研究科博士課程修了、文学博士

一九八五年、『中世武家儀礼の研究』でサントリー学芸賞（思想・歴史部門）受賞

現在、国学院大学特任教授、豊島岡女子学園中学高等学校長

主要著書

関ヶ原合戦　中世武家儀礼の研究　慶長大名物語　徳川家康　中世武家の作法　武家儀礼格式の研究

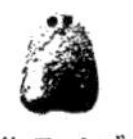

歴史文化ライブラリー

194

時代劇と風俗考証
やさしい有職故実入門

二〇〇五年（平成十七）七月一日　第一刷発行

著　者　二木謙一（ふたき けんいち）

発行者　林　英男

発行所　株式会社　吉川弘文館

東京都文京区本郷七丁目二番八号

郵便番号一一三―〇〇三三

電話〇三―三八一三―九一五一〈代表〉

振替口座〇〇一〇〇―五―二四四

http://www.yoshikawa-k.co.jp/

印刷＝株式会社 平文社

製本＝ナショナル製本協同組合

装幀＝山崎　登

歴史文化ライブラリー

1996.10

刊行のことば

現今の日本および国際社会は、さまざまな面で大変動の時代を迎えておりますが、近づきつつある二十一世紀は人類史の到達点として、物質的な繁栄のみならず文化や自然・社会環境を謳歌できる平和な社会でなければなりません。しかしながら高度成長・技術革新にともなう急激な変貌は「自己本位な刹那主義」の風潮を生みだし、先人が築いてきた歴史や文化に学ぶ余裕もなく、いまだ明るい人類の将来が展望できていないようにも見えます。このような状況を踏まえ、よりよい二十一世紀社会を築くために、人類誕生から現在に至る「人類の遺産・教訓」としてのあらゆる分野の歴史と文化を「歴史文化ライブラリー」として刊行することといたしました。

小社は、安政四年(一八五七)の創業以来、一貫して歴史学を中心とした専門出版社として書籍を刊行しつづけてまいりました。その経験を生かし、学問成果にもとづいた本叢書を刊行し社会的要請に応えて行きたいと考えております。

現代は、マスメディアが発達した高度情報化社会といわれますが、私どもはあくまでも活字を主体とした出版こそ、ものの本質を考える基礎と信じ、本叢書をとおして社会に訴えてまいりたいと思います。これから生まれでる一冊一冊が、それぞれの読者を知的冒険の旅へと誘い、希望に満ちた人類の未来を構築する糧となれば幸いです。

吉川弘文館

〈オンデマンド版〉
時代劇と風俗考証
やさしい有職故実入門

On Demand
歴史文化ライブラリー
194

2019年（令和元）9月1日　発行

著　者　二木謙一（ふたき けんいち）
発行者　吉川道郎
発行所　株式会社　吉川弘文館
〒113-0033　東京都文京区本郷7丁目2番8号
TEL　03-3813-9151〈代表〉
URL　http://www.yoshikawa-k.co.jp/

印刷・製本　大日本印刷株式会社
装　幀　清水良洋・宮崎萌美

二木謙一（1940～）

ISBN978-4-642-75594-8